U0928751

爱，就爱得漂亮

刘阳 著

华龄出版社
HUALING PRESS

责任编辑：程　扬
责任印制：李未圻

图书在版编目（CIP）数据

爱，就爱得漂亮 / 刘阳著． -- 北京 ： 华龄出版社，2018.6
ISBN 978-7-5169-1228-7

Ⅰ．①爱… Ⅱ．①刘… Ⅲ．①爱情—通俗读物 Ⅳ．①C913.1-49

中国版本图书馆 CIP 数据核字（2018）第 142919 号

书　　名：爱，就爱得漂亮
作　　者：刘阳 著

出 版 人：胡福君
出版发行：华龄出版社
地　　址：北京市东城区安定门外大街甲 57 号　邮　　编：100011
电　　话：010-58122246　传　　真：010-84049572
网　　址：http://www.hualingpress.com

印　　刷：武汉市金港彩印有限公司
版　　次：2020 年 9 月第 1 版　2020 年 9 月第 1 次印刷
开　　本：880mm×1230mm　1/32　印　　张：7
字　　数：162 千字
定　　价：48.00 元

序

我们总是受控于某种“东西”。

他/她，爱不爱我？这份工作值不值得做下去？怎么才能摆脱原生家庭的控制？

摆脱束缚这件事，我们很执着。但是很有意思的是，我们常常发现，那些控制欲背后的黑手，往往是我们自己。

因为觉得自己不够好，所以不断追逐着遇见更好的自己，可是我们从没有问过自己，要多么好才是足够好呢？

因为想要证明自己值得被爱，所以总是在寻找别人爱自己的痕迹，我们总以为，理想的爱情，就是对方满足了我们的一切幻想，可是，我们却忽略了别人同样有被爱的需要。

我们的爱情都有“问题”，因为我们都不是完美的个体。当我们追求自由的时候，我们总期望有别人告诉我们答案或指明方向，所以一旦面对内心的不安与恐惧，我们总是习惯第一时间做逃兵。可我们似乎忘了，这些事儿其实只跟自己有关系。

我们唯一骗不了的人就是自己，所以就算你努力掩盖，你的真实想法总会跑出来，你掩藏不了，你也逃避不了。如果你可以开始关照自己，尝试跟自己对话，探索自己真实的想法和需要的时候，你才有机会突破自己给自己设定的牢笼。

这本书始于 8 年前，记录着很多我做心理咨询和个人教练的实际案例，包含了我对青春的理解，对生活的感触，以及对每个人内在情感需求的探索。在这个过程中，我也慢慢的摸索、积累、成长，一步一步找到了现在的自己，并且越来越爱自己。

学会爱自己，这是任何时候去做都不晚的事。爱自己，你的生命通道变会打通，内在的力量将会带着你，遇见不一样的自己。

在这本书里，你将看到为什么我们执着于“爱”这个永恒的话题，因为这是隐藏在每个人心中的神奇力量。你不需要走很远才能遇到它，只要你想，安住当下，你便在眼中看到它的存在。

我想让你通过这本书，看到你不是一个人在孤军奋战，每一个用力生活的人，都会受控于这些问题。问题不会马上消失，当你能真正看见别人、又看见自己的需要的时候，你就会理解问题可能就是生活非常重要的一部分。跟着它一起探索，拥抱一下自己，更给自己一个空间享受这个发现的旅程。

我想告诉你，我们不知道什么才能遇到我们真正想要的生活，但是“有人爱，有事做，有所期待”这件事，你是最有发言权的。

这是你的生活，你总有选择权。

祝福每一个遇到的人，人生意义是自己赋予自己的，从现在开始，做自己最忠实的观众，为自己鼓掌，去爱，并且爱的漂亮吧！

Contents 目 录

第一篇 我们的爱情都有“问题”

第二篇 闺蜜有“毒”

第三篇 职场“冷暴力”

第四篇 我不是完美小孩

第五篇 你了解自己吗?

第六篇 谁偷走了时间

第七篇 被忽略的“角色操控”

这是你的生活，你总有选择权。

第一篇

我们的爱情都有“问题”

他喜欢上你的四个“信号”

虽然都说女孩的心思你别猜，猜来猜去也不明白，但总有许多女孩子自己却不知道面前的他是什么心思。忽远忽近、忽冷忽热的他到底喜不喜欢我？

处在暧昧期的彼此，超于朋友关系却恋人未满的状态下，该如何进退？

之前有部电影——《他其实没那么喜欢你》，影片中的故事正是要告诉那些猜来猜去的女生们一个真实的答案，恋爱不是猜出来的，是有迹可寻的。

愿意在你身上花时间

换位思考一下，如果你对面前的他没有好感，不愿意了解他，怎么乐意给他打电话、一起吃饭，想各种话题吸引他的注意呢？所以，喜欢上别人的第一个信号就是希望拥有更多的时间和对方在一起。喜欢你的他，会放弃打游戏、睡大觉、发呆，他更愿意陪着你，帮你打饭、陪你逛街、送你回家，即使不是那么主动的男生，只要对你有好感，也会努力创造更多的机会接近你的。

愿做你的“黑骑士”

之前偶像韩剧《继承者们》火得一塌糊涂，粉丝们再次为李敏镐痴迷疯狂，追星的同时相信很多女孩子都很羡慕剧中车恩尚所拥有的那些黑骑士们，总是在关键时刻出现的救出女主的男主们，即使是男二男三，同样让人心动。英雄救美的情节最是浪漫，也最打动人心。所以亲爱的你要明白，一个喜欢你的人，必然是不愿看到你受委屈的，你难过的时候他们比你还心痛。他们希望时刻在你身边帮助你，替你遮风挡雨。让你开心，才是他们最满足的存在感。

在你面前，没有脾气

暧昧期，朦朦胧胧的情感总是让人捉摸不透。很多女生愿意这个时候发发脾气，来试探对方的反应。因为喜欢上你的男生，感情中会不由自主变得“贱贱的”，这种感觉不是那种殷勤的讨好，而是通过改变自己来让你高兴。所以当你们出现矛盾时，或你在他面前发脾气的时候，喜欢你的男生会着急得手足无措，当然也会愿意为你做出让步。

他开始想到“明天”

连毛主席都教育我们说：不以结婚为目的的恋爱都是耍流氓，一个真正喜欢你的人当然不会只想到今天如何逗你开心。在靠谱男生的世界里，既然认定了你，两个人拥有美好结局才是最大的期盼。

虽然这种心思不会马上让你看出来，但是如果你们之间的对话越来越多地涉及“未来”这个话题，那么亲爱的，要恭喜你哦，他是真的爱上你了。

感情就是这样，再怎么隐藏也会露出马脚，因为他无法控制自己不喜欢你。当然，谁说爱情中一定是男生主动？女生就要等着男生来追求？亲爱的你，如果喜欢面前的他，为何不自己争取一回？再靠近一点点，牵起他的手，“做我男朋友，好吗？”——这也是最美的情话哦。

爱他，还是爱他身上的光环？

身边有位闺蜜近期感情遇到问题，约我在茶馆见面，断断续续地说了几个小时，我才弄清楚原来事情是这样的：早在前几个月，他们两个人就闹了矛盾，男朋友对旧爱念念不忘，闺蜜怨恨、愤怒，也和对方摊牌过，但是仍然迟迟不愿意下定决心分手，即使自己心里也知道彼此这样下去不是个办法，但是仍然固执地不放手，我问她不愿意放手的原因。她说：他那么优秀，又是高学历又是高管，家庭条件也不错，我害怕分手了就找不到这么好的了。听罢，我问她：亲爱的，你爱的究竟是这个人，还是他身上闪耀的光环？

爱的是这个人，还是爱的是他背后的一切？

当遇到了一个我们认为合适的人，彼此产生爱情的时候，我们都会因为情感的美妙体验而一时忘了自己，觉得既然决定和他在一起了，那就是爱他吧。还有的人是因为对方对自己好，让自己过上了之前只能羡慕的生活，自己无以为报，心想那就在一起吧，慢慢的就能爱上对方了吧。但是这种自以为的爱情总会在某一个瞬间，你突然领悟，我要的不是这个或者不止这些。

其实我们在爱情中不一定是可怜的角色，没有人逼迫你选择悲惨的命运，如果你真的不肯，又有谁能强迫你去爱上不爱的人呢？是你自己选择了他，但是当你决定和这个人在一起的时候，你享受到的快乐，感受到的幸福，是源于什么呢？你能分得清楚，自己是真的爱上了眼前的这个人，还是被他令人羡慕的背景所吸引？或是经不住他所能提供给你的豪华待遇的诱惑？

我的那位闺蜜，和男友相处了这么久，已经习惯了他所能给她的一切，习惯了他选择吃饭的餐厅从来都是有情调的西餐厅，习惯了他的生日礼物总是让周围人投来羡慕的眼光，甚至习惯了在聚会的场合有人称她为李总的女朋友，这些伴随着感情而带来的生活品质的改变都让她觉得难以割舍，当然她也觉得自己付出了青春与感情，也不是付出少的那一方，所以在感情的十字路口，她才更不愿意放弃自己通过努力换来的这一切。

爱情之外的需要，有多少？

爱情对于每个人来说，意义都不一样，我们经常看到有相亲的男女，他们会说自己期待的爱情就是希望对方能对自己好，爱护自己，并不看重对方任何物质条件。听起来这个标准很简单，每个人都希望能找到爱自己的人，可这不过是在进行一种假设，假设这个人没有其他的需要，只需要爱。而现实中，不可能我们真的一无所求，爱上一个人，就真的无所畏惧。

试想一下，当你的面前站着两个人，身上有着不同的关键词与光环，有了对比你在选择的时候自然会犹豫。一个人，可以给你爱情，但是没有物质条件，另一个人既能让你拥有爱情又能得到财物，那么嫁给他有什么不好呢？或者心生忧虑，跟了那个人，我只有爱情，以后的日子怎么办？这时候，抛开爱，你一定还在期待从爱情中同时获得点别的什么。

爱上对方的一开始，我们真的很难分清楚爱上的是这个人，还是他所能够提供给我们的另一番天地。我们每个人的生活圈子相对比较固定，当有个人帮助我们看到了圈子外的世界，甚至为了我们创造出了一个新的世界的时候，我们不可能没有动摇、没有动心。遇见童话中的白马王子几乎是所有女孩子小时候的梦想，甚至长大了，也会梦想着有一位英俊的王子带着自己去城堡中生活。但是很多女生也总是矛盾，一面想听周围人劝说的，干得好不如嫁得好，期望能够找到如意郎君顺便提升自己的生活品质，一面又担心着，是不是有钱的男人就容易变心，感情就不能长久。

知道你要的幸福，才能做出最好的选择

在我看来，真正的爱情应该具有不可替代性，他给予你的情感，应该是一种无法说明都是谁也代替不了的幸福。然而伴随着他身上的光环却是可以被替换的，他学历高成绩好，总有人在他之上；他家底殷实，背景雄厚，但也会有人把他比下去，所以这个时候，你更加需要分清楚，他吸引你的是不是他身上闪耀的“光环”，是不是那些周围人无法给予的生活状态？当你沉浸在这些附加的东西给你带来的眩晕感中，你也会产生快乐与满足，也会珍惜会感动，但是时间久了，这些条件对你来说已经习以为常的时候，你还会满足吗？会不会产生更多的期待？或者当有一天，你的身上也闪耀着令人艳羡的“光环”，甚至比他还要耀眼的时候，眼前的他，还如开

始般值得爱么？

知道自己最终想要的是什么才可能使爱情变得简单。是的，爱情确实是一件简单得不能再简单的事情，简单到感情这个东西你以为可以一时的骗了别人，麻痹自己，甚至用尽心力自以为可以欺骗得了全世界，但是时间久了，最逃不过折磨的就是你的内心，最欺骗不了的就是自己，自欺欺人的结局只是让自己伤得更惨、摔得更痛。

想问问自己爱的究竟是什么，只需要一个标准：看看你想要的是否可以通过努力就能得到？所谓令人着迷的生活品质，相信你通过自己的努力，也会拥有属于你的那一部分。可是爱情，最关键的是天时地利人和，必须两个人相爱才称得上爱情，有可能你光芒闪烁、优秀过人，或者你可以富甲天下堪比思聪，但是你不可以强迫对方爱你。他可以给你提供丰厚的物质条件，甚至可以给你让你高人一等的头衔，但是你为了这些而选择和他在一起，是在用自己的时间和对方的条件做交换。当其他人有更大的筹码的时候，你是否会再次动心？

可遇不可求的爱情只在于彼此都燃起爱的花火。爱情需要标准，但是认真想想，你所设立的标准最后筛掉了哪些东西，留下了哪些东西，也许你觉得你的要求一点也不高，但是这只是你自己的定义，最担心的是你用你所谓的性价比，把真爱最关键的因素给忽略了，为了追求所谓的标准，最终换来了只是可以随时被替代的附加品而已。有的人以为爱上对方才会不管不顾地陷入爱情，但是有时候你爱的并不是面前的他，很可能是与他在一起时那个与平时不一样的你。

爱他还是爱他的光环，尽早弄清楚，不然只会离真正的幸福越来越远。

寻找一个“正能量”的恋人

打开电脑，翻看帖子或朋友圈，越来越多的见到“正能量”这个词，周围朋友许多人都在呼喊着：负能量快消散！也有人转发励志贴，分享身边小中见大的感人故事，努力学习积攒内心的正能量。一时间，这个新鲜的词汇变成一个炙手可热的精神食粮，大家争先恐后地寻找一个出口，倒掉心灵垃圾，洗一洗心灵，努力让自己的精神世界更加阳光与积极，面对爱情的选择亦如此。

有许多人说恋爱是一种修行，你和他（她）的相识与相处，在于彼此一起修炼对于爱情的悟性，对于生活的理解。在周围充斥着速食爱情的时代里，在内心深处，我们都在寻一个能够真心相待，共度一生的伴侣，但是我们看到听到见到众多的悲欢离合，我们开始忐忑，开始不安，甚至有点怀疑自己。因为又有谁能够知道这份爱情的保鲜期会多久呢？又有谁不梦想能有一份相思相守的爱情呢？

在期待与现实中挣扎的我们，这时候更愿意相信那些不离不弃的爱情童话。在街上，看到两位白发苍苍的老人手牵手过马路，我们都会感动得忍不住发个照片，感叹一句：我又相信爱情了，正能量就在身边。看到那些相濡以沫的贫贱夫妻，我们感动的泪会悄然落下，我们的感动源于内心对真情的渴望。呼唤正能量，期待幸福，这个时候既然我们有所期待，就努力寻找一个能带给你正能量的恋人吧。

正能量的恋人什么样?

如何寻找一个正能量的恋人？他们的身上通常有几种共同的特质，首先是内心阳光，性格随和开朗。他们不见得每个人都是外向的性格，但是在他们的眼中看不到消极与忧愁，并不是说他们对待生活没心没肺，而是在遇到了烦恼、痛苦的事，他们不会一直陷入悲观的情绪里面，总是积极向上地努力寻找解决问题的方法，在他们眼中，困难是不可避免的，与其怨天尤人唉声叹气，不如攒点力气找根源想办法，敢于面对问题是正能量恋人最难得的品质。

充满正能量的人内心积聚力量，他们乐于相信自己，给自己鼓劲。与充满正能量的恋人谈恋爱，会让你感受到对未来的期待，因为他（她）不会沉迷于过去，不管之前受到怎样的伤害与挫折，他们仍然相信自己值得得到他人的爱，也有信心去爱他人，为他人付出。“去爱吧，就像不曾受伤一样”——这就是他们最伟大的爱情观。他们愿意为爱承担风险，与他们谈恋爱，会有种初恋的感觉，对待感情，他们总是认认真真、踏踏实实，乐于为对方付出并不是因为他们天真无所求，而是因为心里充满感激之情，懂得珍惜现在。他们认为两个人的相遇与相守，共同建筑未来这个过程并不是件轻松的事情，但是只有彼此真心、共同分担，才能有未来有明天。

正能量恋人，可以带给你什么？

和“正能量恋人”在一起，你会发现另一个自己，因为他们的身上有一种吸引力，会不断将能量传递给你，给你勇气、给你信心，让你愿意努力成为一个更加优秀的自己，仿佛自己内心积蓄已久的激情与梦想也同时被点燃。生活不再是一成不变，你们彼此内心的好奇心被激发出来，相比一成不变的生活，你们变得更加愿意尝试新鲜的事物，哪怕只是一起寻找一个餐厅，一起骑着自行车郊外旅游，这些小小的尝试和改变都会让彼此发现全新的自己，人生旅程多了许多刺激和新鲜感，这个惊喜不断的过程，你会发现原来世界可以那么大，自己可以那么美。

我们都在一路寻找安全感，你问许多单身的人对爱情的期待，多数人都会谈到这个词。没有安全感的爱情会让我们内心充满矛盾与担忧，看不到未来清晰的方向。但是如果你的恋人是一个内心拥有正能量的人，那么你和他（她）在一起，你会了解到对方的憧憬与计划，他们不会好高骛远地期待自己一飞登天，也不会不思进取地贪图享乐。生活的悲喜交加让他们能够有自知之明，不会自我贬低也不会膨胀骄傲，对待感情，他们崇尚简单与安定，愿意用自己内心的包容来给予对方空间和时间。

与这样一个恋人在一起，他也许真的买不起房子给不起你物质上完全无忧的保障；她也许没有美艳的外表，也没有让众人称奇的能力；他（她）也许只是如路人般平凡，初次见面甚至不会留下什么深刻的印象，但是当你们彼此了解，走进对方世界的时候，你才会发现，原来他早已带给你更多的惊喜，被这种平凡却宝贵的正能量包围，你的内心变得更加坚定，你的世界观也在慢慢发生改变，最开心的是你已经越来越喜欢那个同他（她）在一起时不断变美的自己。

呼唤正能量，就让我们谈一场永不分手的爱情。未来的计划里有彼此，现在的付出里珍惜彼此的相伴，共同对美好的未来充满信心，虽然面对未知的明天，但是内心不再觉得无助，想到有他（她）在，只要他（她）在，就有安全感，这就是充满正能量的爱情。

想幸福，就去寻个“正能量”的恋人吧！

测测你的“犯贱”心理有多严重?

说起“犯贱”这个词，很多人都觉得不好听，认为它代表一种贬义、令人不齿的行为，但是今天我们要说的“犯贱”心理可能和我们每个人都有关系，人与生俱来的冒险精神和内心的欲望常常会影响我们日常生活的种种选择，“犯贱”心理也就自然而然地出现。也许不知不觉时，你已经受到这种心理的影响而不自知，所以快来看看下面的描述，测一测你的“犯贱”心理有多严重?

“犯贱”心理轻度症状

我们在网上购物的时候，发现同样的一件裙子，在两家店铺中价格不一样，这时候我们宁可选择在定价偏贵的那家店购买。便宜没好货——这种心理比较让我们更愿意相信，价值高的质量才会有保障，所以会选择卖价高的店铺，但是事实是否真的如此，还需要进一步的验证。简单的一次购物选择，实际上也反映了我们内心或多或少的“犯贱”心理。

在逛街的时候，我们看到很多商品价位高得离谱，远超出我们对它的预期，可还是有很多人趋之若鹜，精品店里看不到很多消费者，却年年销售量惊人，其实这也是一种利用人们“犯贱”心理的策略，生活经验告诉我们，达到目标之前要付出一定的代价，所以很多人买了昂贵的服装，穿在身上觉得就和普通人不一样，心理上得到满足，自然觉得物有所值。

“犯贱”心理中度症状

在爱情这场“战争”中，很多策略都被人们提到，“欲擒故纵”应该是出场率最高的招数，所以经常会看到那些恋爱中的人你追我赶，欲迎还羞，闹出很多不必要的麻烦和矛盾。在我们的生活中，很多人的心理形成这样的概念：越得不到的就越珍贵、越美好，获得某些东西要付出艰辛的努力，所以在生活中如果我们非常轻易地得到了自己想要的，内心反而会不安起来，会不敢相信这种情况的真实性，有时候还会惶惶不安，不敢接受。

也有这样一类女孩子，自我保护心理很重，对于自己喜欢的人态度冷淡。在选择恋爱的时候，往往对自己的追求者视而不见，不管男孩对自己如何体贴，她都不愿意正眼看他，对他的追求努力无动于衷，一边却倾心于另一个对他表现得满不在乎的人，越对她不好，她越勇敢，越想要和他在一起。我们会对女孩的这种选择表现出不解与愤怒，她们一面伤害着真正喜欢自己的人，一面又为一个不喜欢自己的人而伤害自己，这是何苦呢？殊不知这个时候，“犯贱”心理正在影响着她，在她的内心深处，可能会认为感情不是轻易可以得到的，越难得到的就越珍贵，就越想要得到。

可是一旦女孩发现原本死心塌地追求自己的人选择了放弃，或者另有所爱选择离开自己的时候，她们又会立刻发现对方的好，后悔不已，懊恼自己之前怎么没有珍惜，这些矛盾都源于“犯贱”心理的作祟，越得不到的就越想拥有，不能得偿所愿的时候就会心里纠结难过，开始“犯贱”。

“犯贱”心理重度症状

我们常常遇到身边那些遭遇过失恋的人，或者我们自己也经历过失恋，如果感情结束的时候我们还爱着对方，很可能一时半会儿都走不出来，心里还惦记着他（她）的好，还会关注他（她）的消息，心里幻想着有朝一日也许彼此还会回到从前。失恋伊始，我们都不愿意相信对方已经不爱自己，不愿意面对这种残酷的现实，多数人随着时间的推移，渐渐能够接受现实，重新开始新的感情生活。

但是有一类人却会钻进牛角尖，躲在失恋的阴影中始终走不出来。即使认为自己已经放下上一段感情，但是仍然无法爱上别人，心里始终惦记前者的好，不断回忆之前的美好记忆，即使知道那个人已经不爱自己，但自己还是放不下，忘不了，严重时甚至作践自己，用伤害自己的办法企图挽回感情，结果也不能令对方回心转意，只是让那些爱自己的人为其担惊受怕。这些想法和行为都和“犯贱”心理有关，不愿意相信自己真的失去了对方而放纵自己，不敢正确面对现实中的感情，躲在自己创造的假象里无法自拔。

偶尔做出一些被认为是“犯贱”的行为是合乎常理的，因为它是我们内心欲望与现实生活的一种简单调剂与平衡，并不会引发心理问题，但是如果你长期处在“犯贱”状态中，变得越发自卑与失落，甚至失去动力自甘堕落，那就要寻找帮助了。

所以说，承认“犯贱”并不可怕。即使我们都不希望自己被扣上这个标签，但是现实不是我们所能预料和控制的，不知不觉也会犯错。所以这时候，“犯贱”有轻有重，只要你能够了解这些，认清这种心理，正确对待，即便后悔自己做过的一些事，后悔没能早点醒悟，也不要过多地沉浸在悔恨之中，早点收拾心情，让自己清醒地面对接下来的一切，这时候，“犯贱”心理还起到了积极的作用呢。

合理情况下，偶尔“犯贱”并不可耻。

谈个恋爱，怎么就把自己变成私人侦探?

医学上有一种病叫做疑病症，患了这类病的人通常坚持怀疑自己患有某些疾病，即便通过医生的诊治和解释确认自己身体并无大碍也不能减弱这种怀疑的心态，反而认为可能检查有误，反复就医。有了这种怀疑的心态就长时间陷入苦恼之中，严重的患者还会影响正常的生活和工作。看到这个病症描述，我们可能觉得自己并没有这种情况，但是如果看看我们周围的人，就会发现好多人虽然身体健康，却在爱情中“患了病”。

爱情得了疑病症?

本来感情不错的沈峰和李菲最近陷入了冷战之中，原因是李菲看到沈峰的前女友给他发的一条短信，虽然短信中只是寒暄几句客气问候一下，但是李菲却是怒从中来，质问沈峰是不是和前女友还在藕断丝连，沈峰解释自己从未主动联系过前女友，并且也无复合之意，现在正在全心准备公务员考试，没有时间考虑其他。可这个解释在李菲看来就是含糊其辞，根本无法接受，又想到她一直希望彼此能在空间上传一些两人合影的照片，让大家看到他们的幸福，可沈峰却一直无动于衷，所以越想越生气，哭闹不止，任沈峰怎么安慰都不好转，开始还听解释，之后什么都听不下去了，沈峰在一旁觉得莫名其妙，本来一点小事，却被女友一闹升级成了大问题，搞不懂对方为什么会怀疑自己，明明什么都没做却被误会成花心的负心汉，内心更加委屈难受。

之后的几天俩人虽然表面无事，但是沈峰明显感觉到李菲对自己越来越不信任，电话短信都要一一查看，外出也要报备，还要同周围的女性朋友保持距离，沈峰怕再惹两人不愉快，虽然内心不舒服也都答应了这些要求，但是几天下去，沈峰觉得越来越受不了这种无处不在的怀疑。

我们都希望在爱情中获得足够的安全感，期待爱人永远不离开自己，所以很多女生恋爱的时候就需要对方的“时刻在线”，得到安全感让自己感到踏实，如果男朋友没有及时打电话，她就会疑心加重，紧张对方的一言一行，担心对方会离开自己，更疑心其他的女生会挖墙角。所以无论男朋友对她多好都觉得不够，心里不踏实，患得患失，甚至总是会产生男朋友迟早会和她分手的预感。

人天生就有先入为主的习惯，这疑心的种子一旦埋下，就会从身边的一切事情上搜刮蛛丝马迹，渐渐地变成潜意识的一种强迫，觉得对方就是有问题，只是自己还没有发现证据而已，甚至有的女生看到对方和其他异性接触，就认定对方背叛了自己，即使没有证据也给对方下了定义，相处的过程中越发敏感，总觉得对方“有猫腻”。而如果对方稍有过错，仿佛验证了自己的判断，更加认定自己怀疑的没有错。这种极度敏感的猜忌心态，不仅弄得自己每天心烦焦虑，更容易让对方感到不可理喻，厌烦委屈。长期被对方怀疑得不到信任感，这种感受带来的心理压力是巨大的。无论多么重视对方，最终可能真的会受不了终日在“私人侦探”的窥视中而选择离开。所以多数在爱情中得了“疑病症”的女生，不是对方真的有问题才遭遇分手，而是身边的恋人最终都被“逼走”了，导致悲剧的其实是一种歪曲的精神心理在作怪。

爱情的疑心从何来？

怀疑对方其实就是怀疑自己，与其说你在担心对方离开自己，不如说没有足够的自信，相信自己能够留住对方，能够和他坚持走到最后。怀疑的另一面是对情感的过分依赖，因为依赖所以害怕被抛弃。以爱的名义控制对方，希望对方按照自己的想法去做，让他不停向你证明“你是唯一”的这种行为，虽然你解释说那是源于爱意、源于在乎，但实际上却是打着爱的旗帜“绑架”对方，终会让对方感到厌烦和无奈，对这种行为难以理解和接受的时候，结局就是两人都很累。爱情中最伤的不是我喜欢你，你不喜欢我，而是我就在你面前，可你却不信任我，以爱的名义伤害我。

怀疑心理的产生和个人的性格形成以及成长经历有很大关系。性格本身如果特别自信的话，很可能在人群交往中便会期待不断得到他人的肯定。另一方面在成长过程中，如果曾遭遇过背叛的伤害，经历过身边亲密人的背叛，这种负面事件也会影响你对爱情的态度，恋爱时就会希望对方能够把所有心思都放在自己身上，想得到对方的足够重视，避免再次受伤。但是这种情况下，对方不一定理解你的需求，面对这种持续的不信任，他会感到压力。这种冲突和分歧，会让两个人即使天天呆在一起也觉得天涯海角，不能贴心，彼此的心灵距离会越来越远。

爱情也要讲证据讲道理，放弃那些片面的、不正确的“感觉”，你的不自信与悲观情绪在相处的过程中会影响到对方，试问谁希望自己的恋人是一个整日愁眉苦脸，随时带着一只“探针”只会怀疑没有信任的人呢？爱情中的安全感来自于两个人彼此的努力与付出，对他的信任很重要的一个方面是始于对自己的自信。

任何恋爱关系都不是坚不可摧的，考验也好、吵闹也好、立誓也好都没有办法确定他就能给你绝对的安全感。与其不停怀疑对方的忠心，不如转移注意力，感情的持续是两个人共同努力的结果，如果你对自己的爱情，对身边的恋人没有信任，总是产生要被抛弃的错觉，那么无论你遇到谁，这种疑心病只会给你招来悲剧的结局。

所以谈个恋爱，干嘛非要把自己当成一个私人侦探呢？

食之无味的爱情，你敢扔吗？

想象一下，如果你正在家里在视频网站上看着电影，如果遇到了无聊的片子，相信你一定毫不犹豫地关掉网页，可是如果你是花了钱坐在电影院里看电影，发现影片无聊的时候你是否会毫不犹豫地起身就走呢？你会选择继续看下去吗？又会继续看多久呢？

这时候我们就会反思，为什么面对同样的事物，因为环境的不同，我们会做出不一样的选择呢？深入地想想，这种差别就在于你在看电影的时候投入的多少。在家上网看的是免费电影，几乎没有投入，在影院观看，至少投入了一定资金买了电影票，即使面对无聊的剧情，也会因为有所花费而心有不甘。但其实我们理性地分析，就会意识到电影票钱已经花出去了，要不回来也无法退还，这个结果我们无法改变，这个时候与其我们强迫自己呆在影院看无聊的电影，不如结束这种无谓的挣扎赶快找点其他的乐子去。

经济学上对于这种已经付出又无法挽回的投入称作“沉没成本”，成本中不仅包含金钱，同样包含时间、精力等这些平时被我们忽略的隐形财产。当这种沉没成本悄悄地影响着我们做出判断采取行动的时候就被称作“沉没成本效应”。

中了爱情的慢性毒

在生活中我们经常会面对类似这种矛盾的局面，面对如同鸡肋一样食之无味又弃之可惜的事情，在犹豫挣扎过程中浪费了太多的时间和精力。尤其是在感情方面，很多人都中了“所谓爱情”这个慢性的毒。

有些人在对自己的男（女）朋友不太满意的时候，或者两个人在相处过程中遇到了矛盾时，就会开始挣扎是否将这段感情维持下去。想分开，却觉得两个人一起经历了一些事情，走到今天不容易；想继续在一起，又担心彼此的矛盾冲突没有办法解决，这样的犹豫，经常会持续很长时间，时间和精力都在这种下不定决心的过程中被消耗了。

很多人面对感情中的问题，会选择忍耐与坚持，因为心里认为毕竟我为对方付出过，在这段关系中投入了情感，所以一想到分开，就会觉得不甘心，内心抱着也许我们的关系还没到尽头的期待，继续将自己困在这段已经有了伤疤的感情中。人们有时宁愿乐观地期待美好的结果，也不愿意认真地揭开伤口看一看这痛楚到底能不能痊愈，不采取行动改变，不知不觉地继续投入更大的沉没成本。

沉没成本的影响远比你想象中的要大得多，往往损失的背后还有更大的损失。每个人的心中都有一本情感账户，一些人可能会给自己定一个情感的预算，及时判断是否继续为感情投资，但更多的人认为感情是不能计划的，跟着感觉走最好。我们要谈的是任何情感都有沉没成本，即便你不在意，它也存在。最痛苦的是你没能够关注自己的处境，没能在感情的博弈当中认清自己的位置，就在这种犹犹豫豫的时候，不仅让对方感到不被信任，也同样损失了让自己追求更适合自己的感情的机会。另一方面，当你挣扎半天做了选择，还有可能面临后悔、埋怨等消极情绪体验。

分开还是继续在一起？

当你意识到自己所处的这段情感中正在发生沉没成本的时候，可以先变换角度来考虑你的处境，不要只追问是继续还是分开？而是让自己在心里模拟一下，如果当一切归零，我是否还愿意和对方在一起？他到底有哪些吸引我的地方？这些优点会不会随着时间的变化而慢慢消失？他身上又有什么是我不能接受的？这些缺点是否会随着环境变化感情的加深而逐渐变好？面前的这个人，究竟是什么让你对他舍不得离不开？而你对感情，又真正想要的是什么？这些问题总是要有个答案，你的情感之路才会明朗。

当你决定放弃的时候，就请放弃得干干净净，意识到彼此的冲突不会解决，就不要抱有幻想，因为彼此都尽了力，有些矛盾就是无法逾越，并不代表你们不珍惜彼此。只是当感情走到一个路口，总有一个人要先走。

当你决定继续的时候，就请坚持得毫不犹豫，意识到彼此还是吸引着对方，还是希望能够给予最真的爱，就不要再期待一切完美无瑕，有些问题会变成感情的催化剂，通过一起面对问题、解决问题，彼此共同寻找情感的最佳状态，这时候感情中的沉没成本才可以忽略不计。

沉没成本最容易被我们忽略，但是沉没成本效应却常常出现，希望我们能够时刻想到它的影响，以此提醒自己，付出多与少都不能决定结果如何，但是要在过程中增强自己的判断能力，在感情中理性分析，掌握主动权，敢于为自己做主，在那些“沉没成本”面前不再沉默。

没有什么问题是不可逾越的鸿沟，只要你肯面对自己的心，每一次选择都是一种成长，我们共勉。

我们的爱情都有“问题”

邮箱里有许多来访者的信件，有许多人希望我能立刻给他们一个是或否的答案。我能理解这种焦虑的心态，在内心出现矛盾的时候，我们都急于知道答案是什么。可是解决问题的过程中我们却很少问自己，为什么这样的选择困境会出现在自己身上。多数来访者咨询的内容都离不开一个“情”字。虽然每个人面临的处境都不同，但多数都集中在我爱他，他不爱我，又或者我不知道该爱谁，又或是想爱却害怕爱，想离开却没有勇气的矛盾与纠结中。当我们把爱情作为一门必修课的时候，我们会发现许多人都没能修得一个好分数。

有的人问：我爱他，可他不爱我，该怎么办？

我回答：爱情从来就不是一个人说了算的事儿。任凭你自己在心里难过得翻江倒海，在对方眼中，不爱就是那么简单，甚至都不需要一个理由。因为不在乎，所以你所做的一切在他那里都变了样子。当彼此对爱情的标准发生变化的时候，你们就不在一个坐标系上，没法比较谁多谁少。对爱情的认知决定了你们之间的“鸿沟”。你觉得自己已经恨不得把全世界给了他，可是他的世界已经很满了，满到连你的影子也存不下。在你这里，因为得不到，他的存在就变得更加重要。放不下的内心需求就是不甘心，你不愿意承认自己输给了时间、输给了某个人。不愿意认输的背后是不能接受自己的不完美，不愿意接受有些事情就是不能如人所愿这个现实。

有的人问：我爱他，他也爱我，可是我们就是没有办法在一起，该怎么办？

我回答：爱情的美好结局在于天时地利人和。在一起的原因可能只有一个，但是没法在一起的理由却是成千上万。我不相信爱的万能论，不认为只要爱就什么都不需要害怕，但我相信爱是可以给人力量，一个人的时候因为有爱我们不再孤单，两个人的时候，因为有爱，面对家庭、环境或者其他困境时，我们才不害怕。我们可以在对方眼中看到不一样的自己，那个可以更加优秀、更加开心的自己。当你有幸能够开始的时候，你能做的就是全身心享受过程，何必急于猜到结尾呢？如果有一天，你的回答是我们真的没法在一起了，但是我们都不后悔，也许爱情最美的样子你已经拥有了。另一面，如果真的都“尽力”了还不能完美结局的情况，也许那爱情本身就是问题。

有的人问：我都找不到值得我爱的人，该怎么办？

我回答：世界上的好男人（女人）都跑哪里去了？这应该是单身人士最爱问的一个问题。我们期待被邂逅，等待的时候也会安慰自己，下一场爱情一定要天长地久。你不是唯一一个在矛盾边缘挣扎的人，也不会是最后一个。虽然我们都在爱情中寻找完美的自己、完美的对方，希望这一个就该有一个完美的结局。但是既然想得到完美爱情，就别怕它和你绕弯子。也许你害怕事情变得无常，也许你担心爱情会变卦，可是没有人会告诉你爱情何时开始何时结束，找不到值得爱的人，至少可以先努力让自己值得爱吧。

我们的爱情都有问题。因为每时每刻的你都在成长，你爱的人也没有停下脚步，经历的每分每秒，都让我们变得和前一秒钟不一样。我们和理想爱情究竟距离多远？就是你离真实自己的距离那么远。我们太急于求成，希望用尽所有招式得到所爱的人，却忽略了对方的真正需要。你爱的不过是在他面前的那个你，归根结底此刻的爱情源于自私。我们太渴望安全感，认为只要对方还在自己身边，安全感就不会消失，安全感是来自于他人，可是这时候我们却忽略了自己的需要，为什么我们需要把希望寄托在他人身上？你害怕的不过是内心的软弱，归根结底你只是把问题抛给了对方，原地等待别人“解救”。

当我们不曾了解自己究竟是怎样一个人的时候，又如何判断什么样的人适合？我们的感觉不会凭空产生，当你越知道自己在乎的是什么，你才越接近适合自己的爱情。我们的爱情都有问题，因为我们都不完美。爱情的迷人之处也在这里，因为你永远不知道下一秒钟，自己又会有哪些收获。

爱他，就和他一起走向优秀

为什么爱让人迷茫？

之前做在线心理咨询的时候，来信的人中绝大多数都是女孩子，咨询的内容又多数与爱情相关。爱情来了，我们担心不能走到美好的结局，爱情没来，我们又那么不知所措。

曾在一本书上看到这样一句话：“爱情是，就好像突然有了软肋，也突然有了铠甲。”当你心有所属时，最常见的状态就是因他的快乐而快乐，因他的烦恼而烦恼。当我们爱上一个人的时候，我们无法控制自己的感情，我们总是不自觉地给予对方更多的关注，也在期盼对方的关注。所爱的人，就变成了我们最柔软的地方，只想百般呵护，伤害不得。我们也因爱而欢喜，心中有所憧憬，对未来的故事总是多了许多美妙的期待。

为什么韩剧总是能吸引无数女孩子驻足观赏？剧中的故事纵然虚构，在现实发生的概率几乎为零，但是就是因为这个“几乎”，仍然给了许多人美妙的幻想。王子与灰姑娘的故事之所以永远不过时，是因为它可以圆我们心中那个美梦——那个可以得到所爱的人瞩目，获得 Happy ending 的幻想。

绝大多数把自己定义为“灰姑娘”的女孩子，你们知道爱情的真正魅力在哪里吗？如果你的回答是因为它的美在于结局，那我想说，你只是看到了化了妆的“爱情”；如果你的回答是因为它的美在于两个人相伴，那我想说，你的答案只对了一半。爱情的神奇力量是会帮助我们看到自身那些被低估的价值，被忽略的魅力。

爱他，就和他一起走向优秀

因为对方的关注而紧张，因为对方的在意而欢呼雀跃，这些都变成爱情最美好的片段。我们总会说恋爱中的人“容光满面焕发”，因为有了对方的陪伴，我们更加悦纳自己，浑身都充满力量。但是有时太在意结果的我们，却不知道如何经营爱情；有时我们太在意得失，忘记爱情本来的单纯简单；有时我们太在意对方，过于紧张失去从容。

如果爱他，但他还没有爱你，也不必紧张惶恐，这份爱情本来就可以是一个人的事儿，如果在他的影响下，你因此变得越来越优秀，这何尝不是爱情送给你的礼物？

如果爱他，却知道两个人不可能在一起，叹惋和悲伤过后，就在心中道一声珍重，毕竟他曾经给过你最珍贵的时光，正是因为对方，你才知道，原来自己可以有多美。

如果爱他，不能只盼着他越来越好，也要留一分关注给自己。爱情的力量大得惊人，只要你愿意改变，足可以让你看到一个全新的自己。

如果爱他，很爱很爱，也请不要忘记爱情本来不分高低贵贱，在优秀的他面前，你并不渺小。即使他近乎完美，也总有需要呵护的时候，也有弱点有软肋，充分理解与包容，把你和他放在平等的关系里，让对方可以感受到来自你的支持和力量，爱情又怎会遥远？

我不知道在哪里遇见爱情，但我知道，当你值得被爱时，才更容易让那个他找到你。

如果爱他，就和他一起走向优秀。

自信先生和不自信小姐

谁都没有想到自信先生会和不自信小姐在一起。

自信先生高大帅气阳光向上，聪明细心温柔内敛。与人相处的时候笑容总是挂在脸上，信心满满。可是他心里的那个困惑，谁也不知道。不自信小姐人如其名，因为样貌身材一般，学习成绩平平，所以总是有点怯懦的样子。在人群中立刻变成被忽略的路人甲，在聚会中也是那种角落中安静地听他人讲话的配角乙。但是，谁都不知道，不自信小姐心中的秘密。

自信先生和不自信小姐在同一个公司的不同部门，虽然彼此认识，但是一年下来都没真正说上几句话。工作中的自信先生意气风发，聪明有见识，很快就开发了新的畅销产品，成为公司里的“明星”，身边也围绕起一群花痴女同事。不自信小姐负责渠道，勤勉做事，小心翼翼与他人相处，工作成绩差强人意，虽然没有得到大家的赞扬，但是能够学到东西，不自信小姐已经很开心了。

有一天，自信先生牵着不自信小姐的手走进办公室，向众人宣布两个人将于下个月结婚的消息，惊呆了所有人。什么？结婚！他们俩？怎么可能！——一堆困惑摆在同事的面前。

平时几乎没见他们有什么交集啊，怎么会突然在一起了？

大家都以为自信先生一定喜欢更优秀更开朗的女孩子，大家都觉得不自信小姐那么平庸是不可能得到自信先生的关注的。就是这么多的“自认为”让大家把感情的事情加入太多的现实换算。

其实就连自信先生也不太明白，为什么信心满满的他面对感情也会担忧，也会变得胆怯，他心中的困惑就是不知道为什么不自信小姐从不和他主动讲话，面对他的邀请总是躲躲闪闪。而不自信小姐心中的秘密便是对自信先生一直以来的暗恋，可却未曾想过自己也会得到他的关注。原来感情面前，我们都有秘密，都有怯懦和惶恐，爱情啊，让我们如此平等。

自信先生和不自信小姐是幸运的，可很多人会觉得这是特例，哪有那么巧的事情，我喜欢的人正巧也喜欢我。两情相悦的爱情确实难得，大多数人都还是徘徊在心门之外，可是难道我们就真的是不够幸运才没能梦想成真吗？

我身边的女孩子A，暗恋大学同学已经三年，可是就在对方已经出国的时候，她还是把心意藏起来。我也经历过在爱的人面前紧张、不知所措的尴尬，也曾犹豫不决不敢正视内心的感受。就如同不自信小姐一样，在感情中患得患失，变得更加不自信。爱会让人变得渺小，所以很多人陷入了自己设定的局限里，因为自己不够漂亮，所以他不会喜欢我；因为自己不够优秀，所以配不上她，等等。这些理由不过是为了给胆小的自己找的台阶。他（她）应该不会喜欢我——故事还没开始，自己就确定了结局，多少人就是这样因为自己认为的不可能把本可以属于自己的爱情拒之门外。

太多的犹豫只会让自己沉溺自卑，对方本没有那么闪亮，他的光芒不过是因为你的在意，在心中被放大的效果。不管你是不自信先生还是不自信小姐，爱情面前，我们都一样。

幸运，更眷顾那些勇敢的人。

什么事情都憋在心里

情感失语症恋人造成的沉默创伤

格格：

我最近真的很不开心，感觉自己难受得都要疯了，现在每天都不想看到我的男朋友，一想到他的沉默，我就不知道该如何是好。我从小比较活泼好动，所以喜欢和人聊天，喜欢交朋友。最初看上现在男朋友的是他的稳重和老实，不善言辞的他人品很好，也很包容我的缺点。我认为他是适合结婚的，所以就尝试着和他在一起，希望两个人可以有个美好的未来。可是几个月下来，我真的有点难以接受他的“沉默”，两个人在一起的时候，总是我在说，他也不知道和我交流，虽然我期待他可以扮演听众，但是不和我交流，我怎么深入了解他呢？最初的几次，我很生气就和他吵架，希望逼着他说出自己的感受，可是遇到矛盾，他只会憋着，即使脸色已经特别难看，也不知道坦白心里的想法。见到他这样，我真的要气疯了！好与坏倒是吱个声啊！好几次我都想和他分手，可是在一起的时候，他很体贴也很细心，除了不会表达，其他方面我都挑不出毛病，我真的好困惑。

小婉

世界上最遥远的距离不是“我在你身边，你却不知道我爱你”，而是“我们在一起的时候，竟然没话可说”。“情感失语症”是爱情中可怕的敌人，它无形地伤害着爱着的两个人。最可怕的情感冲突不是两个人吵得天翻地覆，而是面对面时，彼此竟无法说出心中所想。

在过去很长一段时间里，婚姻都是被包办的，人们没有经过谈恋爱的过程便直接进入亲密关系中，再加上“男尊女卑”的封建思想，让女生对感情的主动性完全丧失，助长了男性的大男子主义，所以情感生活基本上是被压迫的，女性不懂得表达思想，男性不接受别人的思想。从小很多男生受到的教育是，必须要理智而坚强，不能情绪化，所以男生习惯了把感情藏在心里，不愿意表达，也意识不到对方的情感需要，不懂浪漫、不解风情。

独处时，男生的沉默寡言，过度地把情感压抑起来，是很多女生抱怨男生的一个原因，男生在交往中不会主动表达内心感受，虽然在一起的两个人表面上相敬如宾，相安无事，但是当彼此独处的时候，“沉默”却如同尖刀般伤人。这样的情感软暴力，比吵架更伤人，因为即使两个人闹得天翻地覆，也是一种沟通，会让彼此知道对方的想法，可是如果你一直沉默不语，甚至连愤怒都不会表达，会更让对方感受不到你的心思。

男人需要把情感转化为语言，这不是鼓励你满口糖衣炮弹，而是用心去沟通。我们希望感情稳定，那就需要两个人能够走进对方心里，了解彼此的心情，同时也愿意和对方“分享自己”。无论你是有意识地回避沟通，还是无意识地冷落了身边的人，都不是你患上情感失语症的理由。

拒绝沟通，是对爱人直接又伤人的虐待，是情感软暴力的极端呈现。没有了思想的沟通，没有了心灵的交互，感情只会消失殆尽。爱情需要两个人的共同努力，不然只会让熟悉的人越来越陌生，在一起时间越长，对方内心越是备受煎熬。作为男生，既然要对一段感情负责任，就不可能一直活在自己的世界里，要学会换位思考，理解对方的处境，即使不知道如何表达，也要让自己学会在对方面前敞开心扉，对面坐着的，是你可以信赖、爱护、关怀甚至依赖的人，她既然此刻仍然和你在一起，就说明心中对你信任有期待，她在等待你敞开心扉。

作为女生，遇到这样的“沉默”男友，不要一味地责怪，抱怨不能让他开口，只会增加他的心理负担。改变早已习惯的沟通模式对他很难。感情的相处需要过程，你期待他开口表达，那么你是否做好了倾听的准备？有时候我们太急迫希望对方给答案的时候，就会忽略对方的焦虑和无助，不如多给对方一点时间，让他清楚你的需要，给他空间，帮助他不断调整与改变。

爱因为“交谈”而变得更加美好，我们一起拒绝情感软暴力。

感情就是这样

再怎么隐藏也会露出马脚

因为我无法控制自己不喜欢你

如何安慰你在意的他（她）

明明内心有爱却被对方误会成冷漠

朋友小薇的妹妹前几日失恋，窝在家里不愿意出去，情绪低落，小薇看见妹妹这个样子心里干着急却手足无措，小薇说："面对她，我会很紧张，不知道如何安慰，看到她只会不停地说，'没事的，没事的，一切都会过去的。'可是感觉妹妹也听不进去，情绪没有好转，我都不知道如何能够让她知道我很担心她。"

同事小崔最近也很烦恼，他女朋友的奶奶过世了，女朋友非常伤心，可是小崔却不知道说什么好，怕在屋里走来走去影响女友心情，就在房间里默默地做自己的事，怕女朋友心烦，本打算出去买点东西安慰她，却被女友误会是个冷血动物，这时候不知道安慰她、体谅她，竟然还有心思出去闲逛，弄得小崔心里有苦说不出。

这些矛盾和冲突的出现，都是源于我们不懂得如何在对方需要的时候正确表达我们的安慰与担忧。明明内心有爱却被对方误会成冷漠。很多时候当我们发现对方需要"安慰"的时候，我们都愿意伸出援助的手，但是因为不知道如何表达，又一心想要对方赶快好起来的焦虑心情，造成我们给予的却不是对方那一刻需要的，适得其反的结果时有发生。

有些人认为自己天生就不具备安慰人的能力。他们觉得自己看到对方伤心哭泣时，没有别的办法只想快点离开，根本不知道怎么安抚他人的情绪，尤其很多男生都表示过：最不知所措的时候就是女生在他面前哭。这种反应多是和个人对情绪管理的方式和程度有关。有许多人在长大的过程中一直不知道如何在他人面前表露情绪，正面负面情绪都只会隐藏起来，所以当他们尝试去安慰别人的时候，也会不知所措，情绪表露得并不自然。这时候在别人看来，这种安慰不是真心的，不仅安慰不被领情，还有可能造成误解，这种恶性循环就使得这些人更加确信自己没有安慰人的能力，下一次直接选择逃避。

安慰对方的时候也要方法得当

看到自己在乎的人在痛苦里煎熬，我们都希望自己能够治愈对方，为他（她）疗伤，迫切希望对方能够赶快走出迷茫，恢复快乐。虽然有希望替对方受苦的心情，但是在安慰对方时候也要方法得当。

首先，安慰是种分享。安慰人需要我们自身的心理承受能力要足够坚强，不然很容易被负面情绪所影响，我们很难能够更加客观有效地传达我们的安慰。我们常常不能理解对方的苦痛甚至觉得对方简直就是自讨苦吃的时候，都是因为我们没能站在对方的角度考虑问题，仍在以自我为中心来看待对方的生活，这个时候我们做不到客观。另一方面，当我们面对在乎的人，尤其是在面对心爱的人，我们看到他们难受，多数情况下内心带着焦虑以及怨恨，所以会不自觉地拿自己以往的经验来“教育”他，例如“如果我是你，我就……”“你现在哭有什么用呢？不如……”“这点事儿算什么呢？”，这样的做法就如同“暴力安慰”，用粗暴的方式让对方赶快走出沼泽，缺少共情与理解，只会倍增对方痛苦。

即使这个时候他听从了你的建议，结果也不一定有预想的好，因为他们的负面情绪没有抒发出来，他们的关注点仍会在自身的烦恼情绪中，隐藏起来的消极情绪也会在日后影响他，而且因为只是听从他人的建议，自己没能从这件事情中真正有所领悟，难免下次还有可能再遇到同样的问题。

安慰最重要的是告诉对方你的存在和相伴

正在忍受痛苦的人，他们的内心是脆弱的，难过的当下他们更需要倾听，当你想要给予对方安慰的时候，不如做一个耐心的听众。安慰对方先要平复对方的情绪，用你关切的眼神、嘴角的微笑，来表达出你对他的在乎。让他感觉到不管他做错了什么，你还是会一直陪伴他。受伤的心灵需要温柔的呵护，聆听对方此刻的感受，让他自己选择是否阐述事情的过程或者目前的状态，而你不要下任何的判断，也不要追问缘由，给对方一定的空间和时间来整理，不要担忧短暂的沉默。这个过程有助于对方把事情想清楚，表达的过程中也减轻了痛苦，没准还能让他自己找到解决问题的方法。

所以当他遭遇痛苦的时候，你要知道当下的他，不是需要你马上提出解决问题的方案，更不希望你强迫他听从你的建议和观点。最好的安慰是安慰者本身放下自己的坚持，走进对方的心里世界，用心体会对方当下的纠结，能够接纳对方的世界。让他感到被倾听、被重视、被认可，多用“我能理解……”“我会陪着你……”“我相信你……”用这些共情的话语让对方感受到你的存在。

安慰对方，不可能一下就帮助对方解决问题，更不要企图通过安慰对方一下，他就能立刻放下苦恼。安慰的过程，是陪伴的过程，是倾听的过程，也是彼此共同努力成长的过程。但你能够“感受着他的感受，痛苦着他的痛苦，幸福着他的幸福”的时候，对方才能感到温暖与信任，才能在内心平静下来之后，勇敢地面对自己的遭遇，并真心感谢你的陪伴。

你不懂“女汉子”的侠骨柔情

从前，有这样一种说法——世界上有三种人：男人、女人和女博士。

现在，又有了这样一种说法——世界上仍然有三种人：男人、女人和女汉子。

在许多女生想着各种招数开始装嫩、卖萌的时候，许多女孩子走上了“女汉子”的路线。女汉子已经成为一个合成词，代表了部分新一代女性的特质。社会给了女生成为女汉子的选择权，却没能给予更多的空间和尊重。大多数人提到女汉子，会联想到“彪悍、力气大、不修边幅”等词汇，他们理解的女汉子是那种缺乏女性特质、没有情调不会撒娇的女生，这种偏见让所有女汉子感到伤心难过，拥有爷们一样的心态不等于没有温柔的心，具备汉子的坚强果断并不代表不需要被理解被呵护，可是女汉子的真实世界有谁能懂？

每个外表彪悍、大大咧咧、具有爷们儿一样坚强外壳的女汉子，内心和其他“软妹子”一样柔软。个性独立的女孩子虽然受到大家的欢迎，但是也容易被贴上女汉子的标签，也正是因为这种境遇，同时刺激了女汉子勇往直前的特性，锻炼了她们的独立性和耐挫力。她们不愿意示弱，不会摆出一副楚楚可怜的姿态，习惯了像男人一样在职场中战斗，更愿意在生活中承担起自己的责任，不会把问题留给他人。她们杀得了木马，翻得了围墙，不会扮成萌妹子撒娇，更愿意随性一点，放开自己，不喜欢被人约束，性格大大咧咧，讨厌矫揉造作，更学不会发嗲撒娇。

她们的身上散发着强大的气场，冷静果断，不愿意在细枝末节上浪费时间。她们虽然知道自己只要适当的示弱就可以得到他人的照顾，但是仍然希望靠着“爷们儿”的做法面对问题。女汉子的心态与其身高、体型、长相、爱好没有任何关系，谁说长得娇小就必须依赖他人解决问题？谁说力气大、食量大的女生就不需要他人呵护呢？看看我们的周围，现代社会男女平等的氛围虽然越来越好，但是性别的差异同样存在，女生在社会上打拼要付出更多的心力，生活的压力有增无减，情感世界的纷纷争争同样波澜不断。

在许多男生眼中，“女汉子”们性格随和，不拘小节很适合做朋友，提到是否愿意找这样的人做女朋友的时候，多数男生都会说“不”。他们觉得女汉子虽然性格开朗大方，但是还是喜欢小家碧玉型会撒娇的女朋友，不想对方太过独立，他们想要那种被依赖的感觉，认为汉子的角色由男生来扮演就好。

女汉子的性格有时太独立太坚强，就会让另一半觉得她们缺少了女人味，让男生感到在她们身上没有被需要的感觉。但是女汉子就真的认为自己什么都能干不需要男朋友了吗？之所以许多女汉子没有放下防备，是因为还没有遇到一个身心足够强大的人可以让她甘愿“小鸟依人”。太在意自己的自尊心的男生难以接受对方超过自己，女汉子的坚强让他们感到没有存在感，他们害怕失去恋爱中被需要的感觉。究竟是女汉子真的没有女人味儿？还是男生太在意自己的自尊心太自私了呢？

你们见到女汉子翻围墙，可见过她们伤心落泪的心碎时刻？你们看到女汉子杀木马、修电视，可知道她也不眠不休地查阅资料看说明书？你们知道女汉子勇敢地打得过流氓，但是可知道她们当时的恐惧和惊慌？即使女孩心中有着美好的期待，但是在梦想真正实现之前，生活让她们成为了女汉子。

女汉子的世界里，有情调，有期待，有为梦想努力的执着，也有痛过不愿意揭开的伤疤，有深藏的软弱和无奈。

定制一段密爱时光

时间太快、任务太多、压力太大，都市里的“发条人”，怎么找回自己，给自己一个自由的空间？说走就走的旅行太遥远，生活也不一定就在别处。不如就在现在，从为自己“定制”一个神奇的夜晚开始。

闺蜜时间——来一场睡衣 Party!

周末的晚上我们不加班、不逛街、不约会，把最好的闺蜜约到家里，脱掉紧绷的职业装，甩掉痛苦的“恨天高”，换上最舒服的家居服，变身素颜小清新，卸下平时伪装的面具。这段时间里，我们不谈政治，不谈工作计划，抛开职场上的压力，忘记恋爱的艰辛矛盾。要的就是一个舒服，图的就是一个乐呵，想喝酒就放开了喝，不用害怕在外人面前失态；想抱怨就大声的发泄，不用担心有人侧目嘲笑；想哭泣就肆无忌惮地抹眼泪，不用犯愁有人背后说起是非。给自己一个放肆的晚上，和闺蜜一起来一场睡衣派对，只与放松有关。

总是有各种繁琐的事情困扰我们的身心，为了工作、为了家庭，我们的身上已经太多负担，许多人最期待的就是晚上走进家门，甩掉高跟鞋的那一瞬间，彷佛一下子就把压力烦恼都扔掉。当我们脱下职业装换上睡衣时，我们的心理就会处于一种休闲的状态，暂时脱掉人前的伪装，寻找简单平和的感受。在闺蜜面前，我们的心是敞开的，所以感觉自己状态不好的时候，赶快在紧凑的生活中为你和同伴定制一场与快乐有关的睡衣派对，用一个晚上的时间，和同伴尽情玩耍，分享彼此的悄悄话，然后撒欢儿地八卦去吧。

兄弟之夜——游戏中寻找轻松的自我

很多男人都不知道如何表达自己的情绪，不会像女生一样在闺蜜面前发牢骚，也不愿意在恋人面前轻易示弱，所以在烦恼困难面前只能故作镇定，可是房子、工作、汽车、孩子、老婆哪一项不需要操心？为了事业和家庭，男人的身上早已负担起重重的压力，如果不能适当地给自己减减压，给心灵排排毒，长时间负面情绪的压抑只会对身心造成伤害。钱是赚不完的，工作是做不完的，所以不如暂时给自己放个假，与朋友们组织一场“兄弟之夜”。

提前向老婆孩子电话报备行踪，这一夜没有花天酒地，没有客户应酬，先让他们放心。然后朋友们在一起，打游戏也好、打牌也罢、哪怕来一场竞技“开黑”，为的就是在欢笑中释放压力，我们虽然追求完美，但是不可能事事如意，所以不要给自己增添更多的负担，你想要的总是要靠天时地利人和才能如愿。兄弟之夜，没有竞争、没有房贷、没有孩子上学问题，也没有婆媳纠纷，这段时间里，就让彼此尽情吐槽、喝酒、打牌，欢聚在游戏的世界里，寻找轻松的自我。看到与你同样面对生活压力的朋友们，自然烦恼的杀伤力就会减弱，因为你不是一个人在战斗。

定期约会——只属于两个人的甜蜜心情

恋爱久了，我们很可能就把对方的存在当成一种习惯，不愿意花心思为对方创造惊喜。步入婚姻，就更容易忽略对爱人的体贴关心，所以我们心中会有担心，是不是过不了多久，我们之间的吸引力就会减弱？结了婚，是不是就找不到恋爱的感觉了？爱情离不开时间的积累，两个人除了感情需要经营，生活中还有其他的事情要去做，但是如果没能处理好亲密关系，没有让对方在感情中找到安全感，那我们在其他事情上收获得再多，仍会觉得心里有个缺口。

所以我们需要和对方形成一个关于爱的约定：比如星期四晚上就是两个人的欢乐时光、每月一日定期约会、制定属于两个人的纪念日……约会不是约束，也不需要花更多心思去策划，哪怕只是一次简单的散步、一顿简单的烛光晚餐都好，关键是两个人共同努力定制一段全身心投入的甜蜜时光，为的就是保持爱情的新鲜感，让彼此找回恋爱的激情与幸福。在这段属于自己的时间里，如同创造一个安全的避风港，让我们暂时抛开那些躲不开的压力与烦恼，全身心放松，给自己一个喘息的时间，补充心灵能量。

定制一段密爱时光，短暂休息过后，我们都将满血复活。

“大叔控”控的是什么?

如果你是一个因为年轻而感到春风得意的男生，在现在这个时代可是要小心了，因为“美男子”“欧巴”已经不再盛行，更多的萝莉、御姐开始对“阿扎西”大叔感兴趣了。她们认为只有大叔才是兼具成熟、智慧、稳重、经济基础为一身的完美恋人。所以，越来越多的年轻女孩，她们的关注对象不再是同龄人，而是比他们大十几岁甚至二十岁的大叔阶段的男人。为什么“大叔控”越来越流行？大叔的魅力在哪里？喜欢他们的女生又是怎样的心理状态呢？

具有“大叔控”的女孩一部分心理成熟知道自己真正想要的是什么，面对年轻男孩她们知道对方是不适合自己的，她们认为自己需要一段成熟的爱情，不用应付那些幼稚的话题，可有很大一部分追求大叔的女孩自己还未长大，心理还处在幼稚状态，只是因为幻想年龄大一些男人能满足她的所有想象，便陷入大叔的光环之中。

提到老男人，很多人会认为女生喜欢年龄大的男生是因为恋父情结。确实在心理学方面的调查研究中，发现儿时同父母的关系如何，很大程度上会反映在我们处理亲密关系的不同选择上。我们渴望父亲般的保护，有些长大成人的女孩在儿童时期没有得到足够的父爱，就容易将对父亲角色的期待投射在亲密关系中，她们总是会情不自禁地爱上和父亲形象差不多的老男人，因为在大叔身上，看到了父亲的影子，带着“父亲”的光环，他们的男人形象被强化，所以女孩便默认这类人值得依靠，可以给自己带来幸福。

可是在这种内心期待下，大叔虽然表面上符合了女孩的内心需求，但是毕竟爱情和亲情是两回事。我们要找的是一个可以携手同甘共苦的恋人，而不是一个守在身边的父亲。你已不再是一个只需要父爱的小女孩，童年的情感缺失需要弥补，可以通过其他途径。当你不可自拔地爱上一个和自己父亲一样的大叔的时候，正是你要冷静思考的时刻，你究竟爱的是眼前这个人，还是爱上了他带给你的“父亲对女儿”般的感觉？

大叔对于年轻女孩来说，是理性成熟的代表，女孩认为他们在情感上懂得给予自己更多关照。我们都是渴望爱，存在你内心的小女孩需要一个足够像父亲那样成熟的人给你保护，而对亲密关系的期待又希望男人可以带给你新鲜的爱情。希望在恋人身上既获得如父亲般的包容、安全，同时也享受恋人的亲密与承诺，这时候就要反思你是不是在寻找一个“理想恋人”？恋父情结是可以理解的，但是不管是恋父还是恋母，都需要适可而止，而不是将这种情感变成依赖，全部反射在自己的爱情中，全天下没有完美的父母，同样也不可能存在一个各方面都如你所愿的恋人。

爱情虽然是感性而发的，可是掌握自己的欲望总是最难，“大叔”普遍经历的事情比我们多，有更多的人生感悟，面对感情，他们的表达更加沉稳，更加内敛不冲动，相比多数在女生身边的同龄人，正是血气方刚的时候，难免意气用事，做事情欠考虑，也没有清晰的人生规划，难免给人一种不安全不踏实的感觉。这样的对比，如果碰巧遇到一位既有丰富的生活经验，又具备一定的物质基础的大叔，懂得一些相处“套路”的他们，更容易俘获芳心。

爱情之所以美丽，在于两个人心灵交汇产生的默契与幸福，如果只渴望对方给予一切自己想要的，而自己的精神人格却没有成熟独立，在自己都不知道什么是真正的感情之前就盲目地变成“大叔控”，试图依附大叔得到情感物质双丰收，就不可能长久维持感情。大叔清楚地知道自己想要什么，可是年轻的你呢？

人格先独立，做一个理性的“大叔控”，这样才能让大叔“可控”。

长不大的男人

一项婚恋网站的调查显示，在被问到为何迟迟找不到合适的恋爱对象的时候，有超过三分之一的女青年认为原因是身边的男人不够成熟，没有安全感，他们看起来就像长不大的孩子。女生需要的是稳重与踏实，期待男人成为生命中的保护伞，可我们也越来越发现，身边的许多男人好像比女生还需要照顾，如同一群长不大的孩子。

在苏格兰作家詹姆斯·巴里笔下，有一位家喻户晓的童话人物——彼得·潘，他的故事也多次出现在荧幕上。彼得·潘生活在梦幻般的“永无乡”里，永远也不想长大。所以心理学上常会用“彼得·潘综合症”来形容生理年龄已经成年，但心理年龄和社会经验却还停留在孩童时期，并且内心拒绝长大、害怕承担责任的男人。

长不大的男人在孩童时期得到了周围过多的保护，因此在他们的思想里，只有孩子才是最幸福的，不需要操心不需要努力，就可以得到爱护。所以他们拒绝长大，害怕失去已有的保护伞。即使知道年龄骗不了人，还会继续把自己当成孩子，幻想只要自己没长大就不需要承担成年人的责任。

这些像彼得·潘一样的男人，虽然生理方面早已成熟，可是他们的做事风格、思想意识都不太符合这个年龄该有的表现。比如很多男人在处理感情问题上比较冲动，不能持之以恒，喜欢了就在一起，不喜欢就毫不留情，就算确定了正式的恋爱关系，也总会要求对方迁就自己。就像孩子一样，喜欢的玩具就爱不释手，不喜欢的东西就随手丢弃，没有长时间的专注，也不知道应该在感情中换位思考，为对方着想。

电视上、网络上甚至大街上，我们时常可以看到那些行为幼稚，不负责任的男人，这些成人版的彼得·潘离我们并不遥远。他们在做事方面也会表现出优柔寡断的弱点，容易情绪化，比较任性。所以他们的耐挫力也比较差，生活上一旦遇到困难的时候，就会不知所措，躲在身边的人后面，希望有其他人出面帮助自己解决。如果生活上遭遇不如意，错的也永远是别人。

许多男人恰似青春叛逆期的少年，常表现的想怎么样就怎么样，如果你说他两句，他也不以为然，没准还会几句好话嬉皮笑脸哄你开心，然后继续玩闹下去。虽然男人偶尔的小性子与撒娇在女生那里会变成另一种魅力，激发许多女生的母性，但是正是在很多女生的容忍、纵容下，不仅没能让男人成长起来，反而更让他们将自己的这种长不大变成理所当然。

长不大的男人，希望可以永远受别人的保护，自然不愿意走进婚姻成为父母有担当地照顾别人。所以不要在他们的身上抱以更多幻想，期待他们某一天可以突然开窍，当然也不是每个男人都永远长不大，更多的是要看他身边最亲密的人如何对待他，如何帮助他长大。

彼得·潘虽然是童话中的人物，但是现实中，如果你过多地保护他，替他解决所有问题，恰恰是不信任他、不鼓励他的表现，这样下行为模式下，许多男生就会继续认为自己的能力有限，只有依赖他人才会过得好。当这种思想变成习惯的时候，就成了长不大的孩子，孩童时期依赖父母，长大后继续依赖恋人。

打破这种“永远长不大”的幻想是走出“彼得·潘综合征”的惟一途径，就是让他们回到现实中，意识到身边没人可以依赖，只有自己承担责任的时候，他们才会知道，童话只是童话，现实才是真实的。这个走出幻想的过程虽然痛苦，但却是每个人成年男人必须要面对的蜕变。

我不好过，也不让你好过

当你遇到一个“毁灭型”恋人

格格：

我去年刚毕业，大学时期一直没有恋爱，工作稳定半年后，家里人就着急我的个人问题，一个人在外打拼确实很辛苦，所以在同学的建议下我开始了人生第一次的相亲。他是朋友的同事，和我一样是外地人，比我大两岁，大学有个女朋友后来因为异地而分手，最初的见面我对他没有太深的印象，对方话不多反而让我感到舒服。之后的一个月他经常打电话给我约我见面，表达关心，几次相处我觉得他这个人虽然学历不高长相一般，但是脾气很好，也懂得关心我，所以我抱着试试看的态度接受了他。随后便开始了感情的噩梦。

他的工作压力比较大，所以每次约会的大部分时间我都在听他的抱怨，他对我的“关心”从频繁变成了无时无刻，他要求我只要他打过来电话必须要立刻回复，几次挂了他电话他就生气发脾气，我越来越不能接受他的这种做法，觉得恋爱谈得比工作还累，我就提出了分手，起初他道歉希望我原谅，但是在我一再坚持下，他突然脸色大变，愤恨地说了句：“我不好过，也不让你好过！”拍着桌子就走了。

我开始以为他说的是气话，但是分手之后他开始经常骚扰我，不停打我的手机，晚上还会打到家里，换号之后竟然找到单位里，非让我原谅他，搞得我实在不知道怎么办。为什么谈恋爱不能好聚好散？为什么对方要把他的痛苦发泄在我身上？

晓芳

我不好过，也不让你好过——这是“毁灭型”情感软暴力的思维方式，危害极大。当最初美好的相遇变成如今的避之不见，从好脾气的稳重男友到现在要打要闹的敌人，爱情一下子变成了一场讨债，为什么爱情不能好聚好散，因为你不小心遇到了一个毁灭型恋人。

他们会变成感情的杀手，一旦他们感到受了伤害，心中的报复恶魔就蹦出来，非让对方也感到伤害才觉得公平。他们不能处理好情感得失的状态，虽然内心期待爱情，渴望幸福，但是受挫时就立刻变了脸，仿佛全世界都对不起自己。如果不能很好地处理这种情绪，很有可能伤害别人的身心健康，自己也会付出惨重的代价。媒体上报道的因爱生恨杀人、伤人的事情就是情感软暴力升级版造成的骇人听闻的结局。

毁灭型恋人有时会走进情感的死角，他们觉得自己已经付出了全力爱对方，却没得到同等的回报，那这就是爱人的错，要被惩罚被教训。我那么爱你，可你却不珍惜我，那你就是坏人，是魔鬼，我要讨回公道，所以单方面地站在道德的高度打着惩治的旗号去破坏他人生活的平静。

如果你发现恋人有“毁灭”的苗头，则一定尽快离开。不管你多么不舍得，都要尽快停止纠缠。时间越久，他们内心越容易失衡。但是单方面与他们分手并不容易，他们会纠缠你，会追问你，甚至想尽各种办法打乱你的生活。平时看似知书达理的一个人，也许会做出很多出格的事情，比如晓芳的男友。这时候的你，一定会经历一段无助而且恐惧的过程，但是请不要害怕，遭遇毁灭型恋人，长痛不如短痛。如果跑到单位骚扰你，在家不断堵你等你或其他一系列不可理喻的行为，让你尴尬、让你倍感丢人时，其实你更可以从这个过程中看到对方的真面目，他们根本无法给你带来长久的幸福。所以必要的时候，可以求助于家人、有关机构，来获得合理合法的保护。

破坏不会让爱情起死回生，用伤害代替爱更不会让恋人回心转意。企图“我得不到，也不让你好过”的做法忽略了恋爱不是一场对等的买卖，也不是一个人可以决定的游戏的事实。他们在破坏爱情的同时，其实也是在暴露自己的缺陷，自己根本没有爱别人及爱自己的能力，更缺乏自控能力。

在感情面前，人人平等，人人都享有自主权。遇到这样难缠的破坏大王不是你的错，当我们感觉遭到情感软暴力伤害的时候，好言相劝也不能让对方意识到自己的错误，那就毫不犹豫地离开这样的人，必要时拿起法律的武器，寻求司法帮助。

爱情软暴力：你爱我，就应该知道我想要什么

我们对爱情美好的憧憬中不可或缺的一幕，就是两个人不用说话就可以知晓对方心思的那种默契。我们盼望着有个人走进自己的心里，不需要费尽心力，对方已然知道我们所想所要。所以好多女生相信：你爱我，就应该知道我想要什么。

恋爱的时候，一些女生选择将矜持进行到底，虽说最初的欲说还休使得女孩子在对方眼里看起来吸引力倍增，但是相处几次，男生发现完全不知道对方的喜好想法，心中也会困惑，尤其一些小事没能符合她的心思，就会惹来一顿责怪，而且很尴尬的是，这个时候女生心中很委屈地哭诉：明明我已经暗示过他了啊！给了他提示了，怎么他还不知道我的想法呢？但是当男生听到这种观点的时候，反而比女生还要困惑：暗示？在哪里？什么暗示？

你看，一边女生在为自己的努力暗示深委屈，一边男生正在为扣上莫须有的罪名而暗自叫屈。一场误解与被误解的恋爱战争开始了。“如果爱我，就应该知道我的心思”这种想法成为许多女生的恋爱观点。他们觉得男朋友要细心、体贴入微，最好还没等我开口，下一秒钟对方就能知道我想要什么。可是即便是一见钟情，我们也需要在长久的相处中逐渐了解对方的性格脾气，默契不是一天两天

就会有的，更不可以作为恋爱的标准去衡量对方的感情。

许多女生产生这种想法，都是电视剧、电影、小说惹的祸。浪漫的爱情故事中经常上演这样的桥段，男女主角逛街时，女主角不经意间看到自己喜欢的饰物，便被男主角用心地记下这个细节，送礼物时女主角发现正是自己看上的那件饰品，女主角惊喜万分。那种感动与欢乐的表情让许多女孩子羡慕不已，觉得这样的男生才是靠谱的男朋友，所以整日期待自己的另一半也能在现实中带给自己意外的惊喜。逛街的时候使劲儿地看着自己喜欢的东西，可是却没有看到男朋友有所行动，便怒火中烧，对方没能及时发现自己想要的东西就变成了对方不爱自己的证据。

这种事情层出不穷，抱有这种想法的女生，常常认为男生既然爱自己，就有义务了解自己的想法，既然是亲密恋人，就应该清楚自己想要的是什么。如果对方没能猜中自己心思，女生就会变得越来越愤怒，责怪男生反应迟钝，根本没把自己放在心上，每当看到男生因为这种事情遭受对方埋怨不理解时候，我深深地理解广大男同胞们并表示同情。各位女侠，你的男朋友没有修炼过读心术，不可能如神探一般发现你的思想，他也不可能真钻到你的脑子里，时刻了解你的思想动态。何苦要将这种要求强加在对方身上呢？希望用爱的名义控制对方，却不懂得表达自己的真实想法，难道非要把美好的恋爱变成了一场捉迷藏的游戏吗？

如果你的女朋友正是这种“暗示型”，作为男朋友的你要学会见招拆招。不等她的暗示，直接问她喜欢什么，想要什么，如果对方继续矜持，你就继续努力，早日让对方清清楚楚地告诉你她的想法。当然这个过程是循序渐进的，达到目的最重要的法宝就是你要不断向对方表达你对她的关心、体贴，要让她感受到，你在乎她，但是不会读心术，如果彼此沟通及时，你的表现会更令她满意。即使她将这种默契度暗自作为对你的考察，你也无需惊慌，对女友表明你的观点就好，通情达理的女生是会理解你的处境的。

如果你是一位以寻找心灵相通伴侣为目标的女生，相信爱我就要懂我的想法，劝你快醒一醒，不要做这种暗示与猜猜看的游戏，一个男生爱你，愿意为你付出，但并不愿意当一个时刻保持警觉，搜集证据结案的神探，当你要求对方既爱你，就要了解你的想法的时候，你又爱他、了解他到什么程度呢？不要用这样的情感暴力伤害在乎你的人。心灵相通也要靠时间的积累，你的心没有打开，怎么让对方走进去？

别以爱的名义控制我，如果爱，请做好爱的沟通练习。

“你对不起我”
——站在道德制高点的情感控制策略

格格：

我和女朋友是初恋，从高中时就在一起，上了大学同城不同校，刚一起时恨不得每一天都腻在一起。我女朋友很心细，会照顾人，生活上对我的关心也是无微不至，我觉得遇到她自己特别幸运，虽然偶尔任性发脾气，我也都让着她。过了今年夏天，我们就都大四了，她忙着考研，我忙着找工作，一向相处和谐的两个人，最近几个月却经常吵架，实在让我很烦恼，而且每一次的导火索都是非常小的事情。比如上个周末，我们决定去看电影，可是因为第二天有面试，我忙着准备简历到影院时迟到了二十分钟，尽管我再三解释，她都表现得很生气，我觉得自己为了工作，迟到不是什么大不了的事情，可是她听到我这么说突然朝我嚷起来：“难道就你的工作重要吗？这些年我为你付出了多少，为了不给你添麻烦我一心考研，好不容易想出来放松一下也不行吗？你到底在不在乎我啊？我为了你放弃了多少知道吗？你这么做太对不起我了！”听了她的话，我也很委屈，这些年她确实为我付出了很多，可是我努力找工作也是为了她啊，为什么她不能理解我呢?

我们每次吵架的时候，不管当时的起因是什么，最后都会被她归结为：我对不起她，因为她为我付出太多了，如果我不能让她高兴，就是我的错。每一次我都不知道如何和她解释，因为越解释越乱，她越不满意。虽然我忽略了她的感受是不对，可是每次她说出那样的话，都让我觉得很委屈，她为什么不能替我考虑考虑呢?

迷茫的小鲁

“你怎么能这样对我？我为你花了多少心思，流了多少眼泪！”

“你这样对得起我这些年为你付出的感情和时间吗？”

“不管你做什么，你都对不起我，因为我付出得比你多！”

不少恋人之间的吵架，我们总会听到这样的声音。

而说这些话的人，心中多少都有委屈有难过。虽然每个人对感情的回报期待不一样，但是付出的时候，我们的心里多多少少都会期待对方的回馈。所以一旦对方的做法让自己不满意，内心的不平衡就会出现，不自觉的就把自己放在了道德的制高点上，认为对方对不起自己。相比较自己的付出而言，对方的做法没有让自己满意，错的就是对方。

她们执着地相信因为自己付出比对方多，所以不管对方做什么，都是应该的，也都不足以回报，因此，这样女生在心理上存在道德优势，她们自私地批评指责对方，希望用这种方式让对方明白自己一直以来的良苦用心。对方享受了自己的付出，他就应该感到珍惜和感激。

这样一种把恋爱摆在道德的台面上，用指责的方式让对方感到难堪，是情感软暴力的又一种伤人形式。矛盾的产生源于恋人之间判断感情的标准出现了分歧。有时候男生的回报方式和女生心中的期待有偏差，有时女生认为男生为自己做得还不够多。一旦感到委屈，便对恋人下了“你对不起我”的道德判断。

不是天下所有男生都不懂得珍惜，也不是所有人在享受了对方给予的付出时都无动于衷。爱情是一种无价的情感，不可能用统一的标准来衡量谁多谁少。你认为的、你看到的、你理解的并不一定就是事情的全部。主观地下定义，很可能让恋人同样饱受委屈。

我们谈恋爱，不是为了有一天彼此分手。无论男生女生都不要把自己抬得太高，对感情付出的每一点，都应该出于爱意。对方愿意付出得多，也是因为愿意这样爱你。但是如果你总是不能看到对方的努力，心里总是拿一把标尺来衡量谁付出得多，或者你又应该得到多少回报的时候，爱情已经变了质。

这样的情感软暴力，打在对方身上会比真实的伤口还疼。

第二篇

闺蜜有“毒”

倾听是最好的陪伴

心理咨询师必备的咨询技能之一就是倾听。心理治疗的过程中同时也发现，人人都有表达的愿望。人们更希望在倾诉对象面前得到足够的尊重。倾听的能力不只是专业的心理咨询师必须具备的，更是我们每一个人需要了解和学习的技能。我们每天都会扮演讲述者，试问你希望对面的人，怎样扮演一个优秀的倾听者呢？

一个人在表达时，是在传递一种内心的渴望，对尊重的渴望，对他人在意的渴望，这也是每个人基本的心理需要。所以良好的倾听会将你的关怀有效地传递给对方，让其感到被理解、被接纳。同时倾听的过程也在传递陪伴的力量，帮助对方汲取力量更有信心地面对当下问题。但是我们很多人并不理解倾听的含义，不知道怎么样在他人面前真正做好倾听者的角色。

倾听不只是耳朵的事儿

多数人觉得倾听就是用耳朵听，没什么复杂的。但是在交流的过程中，除了耳朵在工作，你的肢体语言同样重要，当一个人需要你在身边听他说话时，首先会从你的眼神中寻找尊重。要知道眼神的停留可以最直接地让对方感受到你的存在。可我们都忽略了身体语言的功能，没能意识到即使自己认为在听，但是肢体动作已经出卖了自己。

我们在倾听的时候，遇到自己不感兴趣的话题，就会表现出不耐烦，即使不停地强迫自己的眼神还在看向对方，但是双手却不知不觉地摆动起其他的东西，腿部也在不知不觉晃动，眼光也是左顾右盼，这时候对方虽然不说却会感受到你的不耐烦。这样的举动一旦被对方看到，会更加让表述者感到难过甚至不悦，他们敏感地察觉到了你的不耐烦，对他们来说你的不尊重让他们更加受伤。

所以倾听不只是耳朵的事儿，良好的倾听需要你的大脑和身体的共同参与。

倾听不能加入过多的主观因素

倾听的关键是要体察对方的感觉，能够设身处地地看到对方的真实需要。有时候对方在那个当下只是有表达的欲望，希望有个人在身边接纳自己、陪伴自己而已。此刻的他们需要的是理解，而不是批判。我们常看到一些人听到对方不好的遭遇时，立刻表现得激动或者愤怒，仿佛比当事人还要难受委屈，所以还没能对方说完，就迫不及待地下了结论，表达出自己的观点，有时为了让自己的结论有说服力还会加上自身经历，给人感觉如果不按照这些想法去做那才是大错特错。

这时候如果我们没有暂时放下激动情绪，就急着告诉对方应该如何去做，就明显的错误判断了对方的需要，暂时不去谈论建议的可行性，沉下心思考一下，我们对于对方所要表达的内容是否真的理解了呢？对方此刻需要的是我们情感上的支持还是希望得到解决办法呢？当这些问题不明确的时候，我们激动地下了结论，只能让对方的表达戛然而止，本应该扮演好倾听角色的你却变成了那个需要表达的人。

很多时候，对方在讲述的过程中，自己不知不觉已经找到了解决问题的办法，即使你什么建设性的意见都没有说，但是在这个过程中你的倾听却给予对方莫大的帮助，让他感受到支持的力量。当你学会倾听的时候，相信你也能从中学到了很多东西，因为你会从倾听中，从他的肢体语言、面部表情上了解到对方言语未表达出来的信息，所以对方此刻的情绪状态需要你做一个良好的倾听者时，就请暂时放下你的主观判断，抛开你的个人情绪，向对方传递你的在意和陪伴就好。

他们选择你作为倾诉对象，不管内容表达的是什么，都表示了对你的信任，所以即使你不能理解对方，也不要立刻加入主观判断，毕竟你不是对方，即使了解得再多也不能完全理解他的感受和需要，此时你的无条件接纳才能让对方感到安慰。同时在交流的过程中，难免会遇到彼此意见不同的时候，所以即使你有不同观点，也要表达出你对其观点的尊重，让对方感到你无意与其对峙，希望能够求同存异，找到平衡的处理方法。这样才能消除彼此的隔膜，使交流更加顺畅，谈话内容也更有意义。

人人都有表达的欲望。所以当发现一个讲述者需要我们的时候，我们内心的利他情绪就会燃起，主观情感占了上风，我们常常忽略了此刻应该扮演的倾听角色。倾听不是追求一时口快，或者急于同对方一起同仇敌忾，倾听也不是帮助对方马上解决问题，而是通过你的关注传递包容和理解，我们需要给予对方信心，相信他可以自己处理好问题。

倾听是一种爱护，更是对对方的包容，当你掌握这门艺术的时候，才能更好地表示你的关怀，才能走进对方的世界。从内心体察对方的需要，让对方感受到我们的陪伴，倾听的过程也是帮助对方寻找内心能量的过程。

告诉对方，你一直都在，愿意和他一起并肩前行，这便是倾听的意义。

如何避免沟通中产生误会

我们每天都会做一件事——沟通，只是不同对象、时间、地点。在我们同外界信息交换的同时，你知道自己是一种怎样的沟通心态吗？是语气中带着父母角色的那种霸道与控制？还是带着希望他人时刻满足自己的比较幼稚的儿童心态？或者是一种成熟的属于成年人的沟通方式？很多时候，我们对自己的沟通方式都不自知，所以造成了许多沟通中的障碍和误会。

心理学上，沟通心态可以分为三种：父母式沟通心态、儿童式沟通心态和成人式沟通心态。

设想这样一个情景：

夏天，你和朋友约好周六一起去看电影，不料朋友迟到了，当她匆匆忙忙地赶到约定地，头上还流着汗，这时候你的第一反应是什么呢？给你三个选择：

(1) “你怎么迟到了呢？我不是告诉过你是3点了吗？

(2) “她是不是出什么事了？如果有事，那我可怎么办啊？

(3) 咱们快找个凉快的地方歇一会儿。

如果你的答案是（1）

那么你此刻的沟通心态就是父母式的。

所谓父母式的沟通心态包含两种类型，一种是批评型的，例如答案（1），沟通的本质是你会以“自以为是”和“过度保护”的想法为出发点，说话时喜欢以“我不是告诉过你了吗……”“你要听我的意见，我是不会错的”“按照我的经验，你应该……”等。这些语气中隐含的意思是“我比你懂得多，你应该听我的，按照我的想法去做”，所以当看到别人的做法没有符合自己的要求，就会忍不住批评对方，或者让对方认错才行。当对方犯错的时候，会在一旁补一句“我不是早告诉过你不要那样了吗。要是你早听我的，就不会这样了”。

还有一种父母式的沟通心态是关怀型的。父母总是希望给孩子提供更多的保护和关怀，所以在沟通中有这种类型心态的时候，语气中往往充满温馨的关心“别急……”“别担心……”“别害怕……”等。例如：当我们看到别人为了失恋而难受得睡不着觉时，会安抚对方：“别伤心，你一定可以找到更好的。”这时就是以关怀的父母角色在说话。

如果你的答案是（2）

那么你此刻的沟通心态就是儿童式的。

儿童式沟通，从字面上看，就是讲话像个小孩子一样，我们都知道在孩童时，我们的心里充满天真、好奇，会希望在父母身边撒娇，期待有人保护自己，独自一个人的时候会害怕、恐惧，所以这些源自幼年时期积累的基本情绪，在后天与外界接触的过程中没有处理好的时候，就会产生儿童式心态的沟通。例如：我们常会听到身边的人说：“我好担心啊，你说他会不会讨厌我啊？”“怎么办呢？明天就要考试了，考不好可怎么办啊……”“我觉得他好棒哟！”“哈哈！好开心哟！”……这些都是标准的儿童式心态沟通。

如果你的答案是（3）

那么你此刻的沟通心态就是成人式的。

所谓“成人式沟通心态”，是指在沟通时，会率先收集更多的信息，不会轻易下结论，也不会马上表现情绪，而是做理性的分析及判断，找出合理行为方案的做法。换言之，会按当时的情况做出合理的判断，说出合适的话，这也就是一般我们所赞赏的那种“成熟的风度”。

遇到朋友迟到的状况，第三种回答首先表现出的是对对方的理解，这会让对方感到很温暖，气氛也不会那么尴尬，给对方一个台阶，可能更加容易让对方感到你对她的重视，这在人际交往中是很重要的，因为彼此交往的黄金法则就是对待他人像你期望他人对待你的那样。

很多时候我们不知道如何沟通，或者总是觉得和对方会产生沟通上的障碍，追根究底常是因为我们不太了解对方说话的心态，所以无法满足对方需要的回应而产生的。

要提醒你的是，每个人都可能在一句话当中，出现好几种不同的心态。 例如：一个人说：“我的朋友又失恋了，我早就知道这男人对她不好，但她偏不听（父母式的批评）！现在弄得哭天抢地的，我真担心（儿童式心态的担心）！不过我相信她是坚强的，那么开朗的人，而且也不是第一次恋情，我觉得她应该知道怎么改变自己的心情吧（成人式判断）！

因此，如果能经常审视自己及对方的沟通心态，找出最合适的方式回应，将可使沟通中的冲突减至最低，当你能清晰察觉自己的沟通心态时，你已是用“成人心态”在思考，所以知己知彼，这种观察和觉察需要经常练习，绝对有助于你以成人方式与人沟通，考虑对方的不同心态，你已经成功地迈出了沟通的第一步。

闺蜜有“毒”

——自我中心型的朋友散播情感伤害

格格：

我是一个偏内向的女生，去年毕业进入工作岗位后和同乡的晓敏成了朋友。她个性开朗，多亏了她的关系，我也很快地进入岗位角色，融入工作环境。但是我们相处久了，我就发现她身上的缺点，无论做什么都希望我迁就她。比如我们一起约好逛街，我总是要陪她到她想去的商场，即使那里离我住的地方很远。还有一次我们约好吃饭，我在楼下等了她半个多小时，天气又热，我又穿着高跟鞋，站了一会儿都要晒晕了，我忍不住打电话问问她什么时候能到，谁知她直接挂断了。不一会儿她到的时候，一句道歉也没有，还说自己跑过来也很辛苦，晒得出汗，脸上的妆都花了，都怪你找了这么个餐厅。我心想都是为了迁就你的口味才选的这里，我辛苦等了你那么久怎么还变成我的错了呢？整顿饭我的心情都很低落，可是晓敏还是滔滔不绝地说着她和男朋友的浪漫趣事。如果哪次我约了其他的朋友出去没带她，晓敏就会表现得很生气，认为我不把她当闺蜜，不考虑她的感受。我有苦说不出，虽然我觉得晓敏人不坏，工作能力也很强，而且难得在单位里交上朋友，但是想到和她在一起，我就得时刻迁就她，真是不知道接下来该怎么和她相处。

青青

闺蜜，即是“闺中密友”，彼此是能够相互关心理解的女性朋友。在越来越复杂的人际关系网络中，真是一“蜜”难求。我们一方面呼唤真爱的同时，一方面更希望自己有几个知心好友，能在彼此需要的时候送上友情的温暖。青青是个懂事的女生，在与朋友相处过程中，她愿意牺牲自己迁就别人，面对晓敏的自我为中心，青青只是默默承受，不知道如何表达自己的感受。同样在我们的身边，这种自私的朋友并不少见。

有些人在处理人际关系时，常常把自己放在中心位置，认为自己特别重要，所以朋友需要迁就自己，满足自己。他们要求其他人也以她为中心，以她的情绪想法为重点，要尽可能按照他的想法去做。如果你稍微没有满足她的心意，就会感到受伤，认为你大错特错了，还摆出一副是你伤害了她的态度，就如晓敏的做法一样。看到朋友这种难过的表情，很多人可能真的以为是自己错了，错怪了朋友。

与自我中心型的闺蜜相处是非常辛苦的，因为你要时刻关注她的想法，她的情绪，作为朋友一开始我们会认为这些脾气都是小事儿，人际相处总有个人要先忍让迁就，所以一次次的你顺从她的意见。和青青一样，很多人面对朋友时总是怀着一颗宽容的心，觉得为朋友付出是应该的，可是我们的努力并没能换来对方的珍惜。时间久了，我们发现对方不仅没有改变思想，还要继续希望你以他为中心时，我们心里的天平也会倾斜，付出了那么多却没能得到对方同样的尊重，我们都会感到伤心难过。

自我中心型的闺蜜，她们认可的想法是对方和自己是很好的闺蜜，那既然是“自己人”，就要让自己开心，作为朋友怎么能不尊重自己的想法呢？在她们心中朋友为自己付出那就是天经地义的事情。所以她们不会关注对方的情绪感受，不会为朋友排忧解难，更不知道如何安慰对方，在她们的字典里，只有别人安慰自己，关心自己，只有自己才是最重要的。这样的闺蜜有“毒”，与其相处得越久，你就越陷入情感暴力的圈套，不愿意让对方不高兴，解决的办法只能是委屈自己。

相处的过程中，如果对方不懂得珍惜你，还摆出一副是朋友就要迁就我的态度，用这种情感暴力让你觉得自己要为对方付出，忘记了友情是相互的时候，请大声说“不”！不要继续迁就，因为你的忍让换不来对方的认可，你的退步只会让她们觉得自己是正确的，更加忽略你的感受。

既然彼此是闺中密友，那么就需要彼此能够站在对方的立场考虑问题，如果你的朋友一味地只知道索取，只希望别人在乎自己，却不能同样回报朋友的时候，这种闺蜜不要也罢。

勿交损友
——爱损人的朋友不可交

最近群里有一个话题很火，叫做“你有一个爱损人的朋友吗”，话题的出现源于小伊分享的一个故事：

小伊和萌萌是一个部门的同事，因为年龄相仿又来自同一个城市，共事一年多两人都认为是难得的缘分，经常一块逛街吃饭，小伊更是把萌萌当成单位里最好的朋友。萌萌是个心直口快的人，经常想到什么就说什么，一开始小伊特别喜欢萌萌这种爽快的性格，两人相处不需要想太多，觉得能在办公室里遇到个知心的朋友真是幸运。

但是最近小伊很郁闷，上周她网购了一件名牌连衣裙，收到货后发现自己穿着尺码有点紧，想到萌萌的身材正合适，便决定将衣服送给她。谁知萌萌知道后，连一句谢谢都没有，就开始数落起小伊来：“你看你，天天就知道吃，都胖成个孕妇样儿了！当然穿不下啦，瞧你那手臂，都赶上男生的了。啥衣服能穿进去啊！”本来小伊以为萌萌会很感谢自己，结果却招来一番奚落，内心很受伤，想到之前也有这种惨痛经历，忍不住在群里分享这件事，让大家出出主意，结果引发群里的热烈讨论，有很多朋友也诉苦自己身边就有这样的损友，不知道如何相处，也有人直接告诉小伊，这种损人不利己的朋友，不要也罢。

我们一直都在讨论情感软暴力对友情的影响，我们都希望人生多几个可遇不可求的朋友。在人际交往过程中，总会有这样乐于逞一时口舌之快的朋友，他们的一大乐趣就是大开损口，不管他人的感受自己先说了痛快。爱损人的朋友究竟值不值得交往呢？

很多人把损人的话当成朋友之间的玩笑话，为的是调节气氛，增加交流的乐趣，当然如果把握好角度，不要损人过度让朋友不高兴，当然是喜剧收场，大家也不会小题大做，把玩笑话当真，而且一些乐于自嘲的朋友更受大家的欢迎。懂得幽默感的人非常聪明，与他们交谈，即使偶尔一两句损人的话，在大家心中，也是顺耳中听的。所以，损人却不伤害人，并且目的在于为朋友带来快乐的朋友，值得我们相处。

如果有一天你发现，你的损人朋友除了乐于当着你的面说些损人的话，更喜欢背后发挥损人的功力，那就要小心了，这样嚼舌的朋友不要也罢。不管是有心还是无心，在他人背后仍然乐于损人的朋友心态是不平和的，他们看到的都是他人的缺点，也善于放大别人的缺陷作为谈资，把自己当成评论员，没了解事情的来龙去脉就先下定义。嘴上说对方是自己的朋友，但是内心能有几分真情，就不好说了。

如果碰巧你的身边有这样的“损人高手”朋友，在与其相处的过程中自己也不免“屡遭毒口”时，别试图在言语上回击，因为你越解释越辩驳反而更激发了对方的斗志，非要与你分个胜负不可。假如朋友对你的情况比较了解，遇到一些事儿很自然地就开起玩笑，甚至有点挖苦你的意思，如果这样的事情发生的次数不是太频繁，即使言语上让我们不舒服，或是感到难堪和生气，我们也不必小题大做，只需一笑了之，别把这几句言语放在心上。真正的朋友不会把损人当成一种习惯，不会总是通过言语的打击换来你的注意。

如果某一次朋友的言语触犯了你的底线，让你感到极度不舒服难以接受的时候，不要顾及对方的颜面而保持沉默，你要及时告诉对方他的言语已经侵犯到你，再这样下去就会造成负面影响，表明态度让对方知道分寸，避免下一次继续口无遮拦，同时也让朋友意识到友情需要彼此尊重，你的感受同样重要，防止朋友的这种损人行为造成伤害却浑然不自知。最好的办法就是当你感到受到伤害的第一时间就站出来制止对方，让他能够理解，并且懂得分清楚场合，换位思考，别把好心变成坏事。

如果你认为自己正好有这种损人的潜质，在人际交往中，总是难以克制这种损人的冲动，并且似乎这个过程中你还得到一丝快感，希望你在看过这篇文章之后，重新对自己的朋友观进行一下修正，做事的时候给别人留有一定的退路，不站在朋友的角度上思考问题，就等于给自己封上了一条路。

朋友情难得，损人需谨慎。

友情害怕“有私”奉献

前一阵子高俊正准备买房子，同事吴坤听说了，便热情地和他说自己有开发商的朋友，可以介绍他认识，见了面之后发现吴坤口中的朋友就是A小区的一名普通房屋销售，因为这个小区的房子确实性价比很高，所以最后高俊决定购买一套两居室，如同其他的普通客户一样，高俊并没能从同事朋友那里得到更多优待。但是在吴坤看来，正是因为自己介绍，才让高俊顺利买到可心的房子，一直觉得自己如同及时雨一样在关键时刻给予他最大的帮助。之后同事之间聊天时，吴坤总会有意无意的提到自己对高俊买房事情上的“巨大贡献”。

每当吴坤提到这次相助，高俊都会感到脸上有一丝难堪，虽然内心十分感谢当时同事的热心肠，但是实在不能理解对方为什么要频繁地说起这件事，自己当时买房后特意请客吃饭表达谢意，平时也对同事尊敬有加，为什么这点小事在对方眼中变得那么重要？作为朋友，平时吴坤的热心肠常常让高俊感动，可是经过几件事，他感到如果自己没能为对方做出更加“涌泉相报”的回馈，自己的生活就会一直存在对方这种情感威胁中。

不能否认吴坤朋友内心的好意，他们在意朋友，愿意将自己的资源共享出来，希望能够帮到对方。但是不久之后你会发现，做他的朋友，就避免不了遭受情感压力。无论什么情况下，一旦你接受了他们的帮助，就会一直存在阴影中，他们的记忆力会出奇的好，总会不经意间就在别人面前，讲述当时在你遭遇困境时，他们是如何倾尽全力为你两肋插刀，救你于水火之中的故事。所以哪怕一点小忙，在他们眼中也变成了对你举足轻重的奉献。

在他们心中，是他们辛苦地付出，才换来你今天的成就，默认了自己是你成功路上的大恩人，如果你不为他们所作所为感恩戴德，那你真是太忘恩负义，太不讲义气了。本是朋友之间理应的无私帮助，在他们的理论中却藏了私心，他们希望自己的付出可以看得到回报，所以在你的面前，心理就产生了优越感，可他们不知道，本是乐于助人的行为这时候已经变成了受助者内心无限的压力，这种形式的奉献，会让朋友感到害怕，会让本来简单的友情变得复杂。

如果你遇到这样的朋友，千万不要陷入他们设定的道德规范中，受人帮助，理应感恩回报，但是并不代表着我们就要受到这种情感暴力，按照他们的思路把自己的所有成绩都与当时的帮助挂上钩。你需要告诉他们，我们愿意在他们需要的时候及时伸出援手，并且也会尽己所能为他们付出，但是这种帮助不是下一次需要他们感恩你的筹码，也不是需要回报的情感投资，而是代表我们内心的感激之情。

为朋友付出本是每个人内心自发的行为，真正地为朋友着想的人是懂得换位思考的，不会在相处中时刻考虑自己为对方做了几分，他又回报了自己多少。衡量友情忠诚度的也不是你奉献的次数，而是彼此能够体谅对方，愿意在朋友遇到困难时毫无保留地伸出自己的双手。所以请朋友们理解，友情不是一种交换，助人也是助己，如果常把自己助人的行为挂在嘴边，那么原本无私的友情也会变了质，你的奉献会变成对友情的情感胁迫。

千错万错，都不是我的错！

“我这么难过，都是你的错！”

“我没有进入 A 公司，完全是因为面试官故意刁难我！”

“我从小到大吃了那么多的苦，刚刚上班，我怎么能马上适应职场啊，你怎么能一点都不考虑我的感受呢？”

“我周围的同事都嫉妒我的能力，每次都挤兑我，我评不上优秀员工，都是他们的错！”

在我们周围，经常听到一些朋友这样描述他们的生活不顺，他们的中心思想就是——不是我的错。无论是学业、工作、感情方面出了问题，都是老师的错、领导的错、男朋友的错，甚至有的时候他们会把自己生活的不顺归结于父母的错，怪罪他们没有给自己提供必要的保障。

心理学上将归纳行为背后原因的过程叫做归因，每个人都有一套从其本身经验归纳出来的行为原因与其行为之间的联系的看法和观念。可分为内因、外因或综合归因。将行为与个人特征联系在一起通常称为内归因，包含如人格、品质、情绪、心境以及努力程度等个人特征。外归因是联系行为或事件发生的外部条件，内容包括背景、机遇、他人影响、工作任务难度等。

上文提到的这类人典型是外因论者，他们对于任何事都首先找外部的、客观的问题，直观上认为自己是没错的，有问题的都是别人，有过错的是环境。他们不会换位思考，更不知道从自身找原因，他们经常会和你说很多，让你感觉到他们的处境无辜、可怜，不禁产生怜悯之心，而且他们的解释听起来，似乎错误真的不是他们造成的，他们才是受害者。

在你们的交流过程中，他们经常会讲述自己的“悲惨”遭遇，很容易将他们的负面情绪传染给你，当你最初认真倾听时，你会替他们感到可惜，并且产生同情心。最初，我们愿意为他们付出，希望可以通过努力帮助他们解决问题。可是长久下去，我们会感到他们的依赖性越来越强，只要遇到了问题，就希望你能够替他们出主意，帮助解决问题。如果你没能按照他们的要求给予帮助，他们就会感到气愤，认为你太不够朋友，不道德，让这么“可怜”的他们雪上加霜。

当你试图帮他分析做错事的原因时，若提到了他自身的主观问题时，他们立马就会反对，话里话外总是要把过错转嫁出去。如果你按照他们的逻辑，不断放大他人或其他客观原因，也会陷入误区。如果你坚持认为他们有错，他们很可能就会朝你乱发脾气，认为你太自私，不能宽容、体谅他们。

尤其很多女生抱着这种态度交朋友。她们认为你是闺蜜，所以总是希望你能让着她，一旦彼此出现了矛盾，发生了意见不合甚至由于自己的做法让对方受到伤害时，她们仍不会认为是自己出了问题。这时候，她们变得小气、内心狭隘，不依不饶直到对方先认错为止。有时你甚至不知道自己是怎么招惹到她了，但是她就是不高兴，摆着一张气鼓鼓的脸看着你，只要你率先承认错误，她们才会原谅你。

作为她的朋友，你需要习惯她的抱怨，习惯她这种处理问题的方式，但是这种习惯无益于你们彼此的成长。你需要让他们明白，每个人都需要对自己的行为负起责任。行为的背后不仅包含外部的因素，个人的性格特点、自身努力程度也要考虑在内，对于某一结果，常常要综合归因，内部外部因素都总结，才是客观公正的态度。

“千错万错，都不是我的错”是外因论者常用的友情暴力。这种情感冷暴力虽然不会让你们之间产生身体上的伤害，但是他这种归因机制，会伤害你的内心成长，你越是迁就他们，就越在行动上默认了他们这种想法是正确的，你容忍了他们不承担错误的做法，就难以避免下次他们仍然这样做的情况。你希望朋友过得好，更需要让他们知道一味的外归因只会让自己的生活越来越糟，早一点从自身主观找到原因，更容易解决问题。

作为朋友，一味忍让不是维持友谊的最佳方式。既然彼此都已经是成年人，理应为自己承担责任。

第三篇

职场“冷暴力”

在重复的工作中找到价值

近日有一位师妹从单位准备辞职，我问她原因，她的理由是工作整整一年了，每天的工作内容太单一，周而复始，根本没心情再做下去。师妹大学的专业是经济学，在这家国企干了一年的行政助理，虽然企业的待遇和前景都很不错，但是在师妹眼中，每天的工作有大部分都是重复的，采购办公用品、确定会议场地、帮领导订购机票、整理日常报销等，这些内容在她看来比较琐碎，所以她常常笑称自己是个“打杂的”，忍了一年，终于不想再天天面对这些重复的工作了。

对于很多大学毕业生而言，工作的头一年的确是有点难熬的。早已习惯自由的他们，突然面对工作的朝九晚五，一时间作息规律对他们来说都难以实现。而且实际的工作内容又和大学所学存在差距，书本上掌握的知识实际应用很少，多数人在工作的第一年都不清楚自己的职业定位，特别是有些从事行政工作的毕业生，面对有些琐碎、单调的助理岗位，重复机械的工作内容，常常叫苦连天。

每一个岗位都有其设置的必要性，行政工作虽然表面上看起来杂乱琐碎，但是想要做好同样需要具备优秀的综合素质。行政工作多且杂，每一个细节如果你认真思考，同样可以发现锻炼自己、提升自己的地方。首先，良好的条理性和逻辑分析能力就是做好行政工作的必要技能，和我们平时收拾房屋一样，怎样将东西归类，合理利用空间环境都是在考察我们的条理分析能力。

不要单纯地只关注你工作的一部分内容，要尽可能地清楚工作的来龙去脉，和哪些部门有交流，与哪些业务产生联系，每一个岗位都不是孤立存在的。所以当你发现你手上的工作变得重复时，何不跳出定势思维，从细节出发去总结你现在所做工作的目的，它满足了哪些部门的工作需要，这时候你的角度更加广阔，从全局看到工作内容的分配，你也就能更好地理解领导的意图，理解琐碎工作存在的必要性。

工作中，不只是要把领导交代的任务做完，更要学会扮演好自己的工作角色，这就需要我们考虑如何更好地提高自己的工作效率，从目前的工作内容中总结经验，吸取教训，努力创新。不管你的工作内容是什么，都要经历犯错到改正的这个阶段，一旦出现了失误，别急着怨天尤人，如果总结了经验教训可以避免下一次的失误，那么即使吃了亏也是给自己的职业生涯交了学费，而且过程中的反思总结会让你受益匪浅。

即使是重复的工作，也不一定每次都是重复的结果。如果你希望工作除了带给你报酬，还可以带给你事业的辉煌，就不能把自己放在被动的角色上。不害怕你进步得慢，只是担忧你被繁杂的工作渐渐磨去了热情，产生工作倦怠。很多时候，我们把希望寄托在跳槽上，觉得找个更喜欢的工作，就可以解除这种倦怠感。但是如果你仅仅是因为觉得工作枯燥而辞职，那你的下一份工作也不会有想象中那么有趣，你的态度可以决定工作的好坏。

积极寻找让自己成长的各种机会，职场不会耐心给你机会等你成长。我们过多地关注自己付出与回报是否成正比，却忽略了在我们日常工作中所能收获的东西，即使重复的内容，也有提升自己的机会。理想的完美工作只存在想象中，但是不代表你手上的工作就一定是枯燥乏味的。什么是有意义有价值的工作？我认为能让你拥有成长的机会看得到未来的工作就是这样的好工作。太在意结果，就不会在过程中有所收获。你无法忍受过程的艰辛枯燥，也不能得到苦尽甘来的硕果。

任何一种工作，都避免不了出现重复。但是任何一个优秀的从业者，都少不了尽心尽力的责任心。要耐得住寂寞、沉得住气。我们都希望找到一个自己热爱并且愿意为之付出的事业，但是追求理想的过程也是不断磨练自己的过程，当你感到工作重复、心情沮丧、渐渐失去激情的时候，正是你修炼职场内力的最佳机会。

在重复中找到价值，给自己的工作创造新的定义。

万万没想到

与其他的毕业生相比，小程无疑是幸运的，还在大三下学期，就已经找到了实习的单位，并且深得顶头上司的赏识，领导也多次表示认可小程的才华。因此留在实习单位工作对于小程来说就是水到渠成的事儿，只等着 6 月份毕业后的一纸合同。毕业前夕学校开展的数场声势浩大的招聘会，小程都没有参加，相比其他同学焦头烂额地修改简历，小程则悠哉地躺在床上期待着赶紧毕业。

可是，万万没想到。

当时招聘小程进去的领导突被调走了，而新上任的 boss 一上来就把原本今年的招聘计划全部停止，HR 无奈地告诉小程，因为双方还未签订三方协议，所以之前的口头允诺无法兑现，只好让他继续寻找其他的工作机会。当时已是毕业时分，小程只好拎着简历走出学校大门，欲哭无泪。

万万没想到的事情发生后，闹心，上火，愤怒，这些负面情绪一拥而上的时候很容易击垮我们原本就脆弱的信心。如果要来点正能量的话，我会告诉你一切都会过去，明天是美好的，但是这些心灵鸡汤对处在郁闷情绪的你无济于事。现在已没时间烦恼忧愁，只能挺住，这份工作吹了就赶紧再次改简历写求职信，打电话给猎头，只有这些实际的努力行动才会让你想要的未来看起来不那么遥远。

工作五年的小鱼在年初的时候，被朋友拉去一起报班学日语。“我都这把年纪了，还学什么语言啊？再说我现在的工作也用不到这个呀！”虽然小鱼满心不情愿，但是一万多块的学费都交了，不学还是有点心疼的。所以和朋友坚持学了半年。年底小鱼正好遇到了一个心仪很久的工作岗位，面试进入到最后一关，心情忐忑的小鱼走进了大 boss 的办公室。

然后，万万没想到。

原来 boss 是日本人。虽然是现学现卖，但是用日语的交流让上司对小鱼的印象加了分。听说小鱼还在坚持学日语，boss 连连夸赞她的上进心强。这样的“幸运”是无心插柳柳成荫，还是对小鱼天道酬勤的奖励，这样的巧合提醒了我们，美好的机遇如同宝贵的爱情，你不知道它什么时候会来，但是等待的时候，你最需要做的就是让自己值得被爱。

往坏的方面去想。对于很多人来说，风险意识只是一个名词，一个概念。可是生活中，不按常理出牌的情况有很多，让人猝不及防。无论你是在找工作还是在工作岗位中，都要强迫自己培养风险意识，心中多想一些危机预案，面对突发事件，才不至于太惊慌失措。

往好的方面努力。个人想在工作中持续改善，就不要忽略对自身竞争力的不断培养。你的能力对于职场来说没有最好，只有更好。当你足够努力的时候，即使结果偏离我们的期待，至少内心的坦荡让我们没有悔恨。我们都不希望有“万一”发生，但是我们却无法确保每件事都按照我们的预期发展，面对各种不确定性，我们至少可以通过努力让自己的处境多一份安全，多一份稳妥。

万万没想到的事情每天都会上演，你可以抗拒、不屑、惊叹、后悔，当然也可以坦然、从容、平静、接纳。相信用不了多久你就会升职加薪，当上总经理，出任 CEO，迎娶白富美，走向人生巅峰。是不是想想还有点小激动呢？

职场软暴力

突破“家长式”上司的管教软暴力

“冷暴力”的概念最先出现在婚姻家庭中，但是这一概念现如今已经入侵“职场”。虽然一部分人表示无奈，认为这是职场的普遍现象，但是如何能够在工作角色中找准定位，个人发展与企业需要和谐双赢，已经成为众多职场新人面临的问题。职场软暴力真的无处不在吗？怎么能在职场众多明枪暗箭中安全升级？接下来，我们就来细数“软暴力在职场中的几宗罪”，让我们来一场“以智制冷”的职场变身。

有许多毕业生在选择工作地点的时候都希望“走出去”，到比较远的地方开展新生活，这是因为这一代已经成年的孩子多数都是在家长的过分爱护中成长起来的，在家长事无巨细的教育和指挥下，孩子迫切希望能有自主的权利，所以在选择工作时，很多人不顾家庭反对，坚持自己做选择，可是总有一部分“悲催”的意外情况出现，那就是在职场中，遇到了“家长式”上司，依旧没有摆脱被命令、被强迫的状态。

“家长式”上司最突出也是最粗暴的特点就是，把自己的下属当成自己的孩子，始终有一种维护权威的心理需要。他们认为在属下面前，必须树立威信，不容许他人的反对，而且通常在布置任务的时候不接受他人的反对，就像许多家长在教育孩子时，只会告诉他某件事不许去做，却不会考虑孩子的感受，也懒得去听孩子自己的想法，这一点和多数“80 后”的家长教育方式特别相似。

在这样的上司手下工作，职场新人连连叹气，就仿佛回到了小时候受制于家长管理的那个时期。唯一不同的是小时候的我们还不懂得什么是反抗，更无力反抗，而现在已经长大的我们，早已形成自己的思维，有了独立的判断，更存在反抗意识，面对上司这种家长式管理，尤其是自己的思想得不到表达与认可的时候，心中怎能认可对方，做到全心全意服从？这种情感软暴力究竟何时方休啊？

大多数毕业生在初次遇到这种情况的时候都选择沉默忍耐，惹不起就躲起来，不会与上司硬碰硬，尽可能地满足上司的一切要求，学会不多问不多说。也有一部分人无法忍受这种强迫式管理，会忍不住探听事情的缘由，也会在意见有分歧的时候据理力争，只是大多数情况下新人人微言轻，再加上下属的反抗触犯了领导的心中大忌，新人总是得不到好处。

上司选择用这种方式管理下属，很大的原因出于维护权威，他们需要保持自己的领导形象；有的时候也是源于内心对新人的偏见，他们觉得刚毕业的毛头孩子什么社会经验都没有，自然也不会提出具有建设性的意见，所以惯性思维地把新人定义为“没头脑”的一类，盲目相信自己考虑的都是对的，认为只有听话的下属才让自己省心。

如何打破“家长式”上司的这种惯性思维？如何让他们能够意识到权威性管理只会抹杀新人的创造力、根本无助于公司的发展？解铃还须系铃人。回想我们每个人的成长经历，家长之所以希望我们服从“命令”是因为他们对自己的想法深信不疑，而且不相信你的想法比他更好。面对这种情况我们就要努力寻找突破，尽可能用不争的事实来让他们看到你的价值。不是不可以反抗，而是要有把握地“反抗”。

在提出自己的观点前，深思熟虑努力反复验证，这样才不会给人感觉浮躁浅显；面对上司布置的任务，尽量不跑偏，多和他沟通确保自己没有会错意；新人不求每天都有成绩有创新，但至少我们要努力在恰当的场合一鸣惊人，这样才可以逐渐在职场中体现自己的价值，让领导意识到你的重要性。要让大家看到虽然你涉世未深，但是你的思想你的努力已经超出了这个年龄的平均值，已然可以接受更多挑战。

反抗家长意见的下下之策，就是当出现冲突的时候头脑一热，什么后果都不考虑甚至有些暴躁气急败坏地只顾表达自己的观点。这种做法虽然确实让大家了解了你的想法，但是也会给大家留下冲动、急躁的印象。不是每位家长都不愿意相信自己的孩子，同样更多的上司愿意给下属成长的机会的。这种管理“暴力”的突破之道可能很漫长，但是一段时期的等待或者“潜伏”是有必要的。

职场软暴力变化多端，各种“影分身”让我们防不胜防。适应职场角色，除了需要我们不断修炼自身的硬件实力外，也要注意内功——心理素质的培养。家长式上司也是“可遇不可求”的缘分，就看你怎么以柔克刚，逐渐让领导意识到你已经长大，可以“成年”。做好职场中的“小孩子”，拼的是耐力和实力，祝大家早日在职场上独当一面呦！

工作＝义工？

需给上司当保姆的职场尴尬

刚毕业的那一两年，聚会中常听见同学们互相抱怨着自己的工作，那时刚入职的我们都是职场最底层的小员工，不了解领导的脾气，不懂得和同事的相处之道，很多人都不太适应这种角色的变化，所以抱怨生气甚至愤怒，这些负面情绪常常相伴。尤其是几个给领导当助理的同学，怒气最大。

“我堂堂一个重点大学的毕业生，竟然在入职的大半年里，给领导每天早上买咖啡，真是受不了！”

“我还不是一样，虽然待遇不错，可是最近总得帮助项目经理接私活，搞得我一点自由时间都没有，可是不帮领导做事，又担心领导哪天给我脸色看！哎！”

“我比你还惨，之前上学那么多年，都是爸妈送我，现如今却要经常帮助女上司接孩子放学，我真不知道自己这是干的助理的活，还是保姆的活？”

……

类似这样的抱怨，尤其在职场新人的话语中经常会听到，大家都在困惑，明明我是找到了一份工作，怎么看起来变成了领导的义工、上司的保姆？又没有多赚多少钱，怎么感觉自己越来越像个打杂的了？这些私事，有的人表现得非常抗拒，连开会时给领导端个茶也会觉得对不起自己高学历的身份，也有的人迫于无奈，害怕领导不满意只好完成领导交办的事情，还有的人经常处在“夹心”的状态，又委屈又气愤。多数新人在工作岗位中都会有这样一个过程，面对职场上形形色色的“软暴力”不知所措，今天我们就来聊一聊，当遇见这样一个有“私心”的上司的时候究竟该如何是好。

如果你是新人，偶尔出现给上司当保姆的事情可以理解，毕竟领导肯把自己的私事交给你，多数情况下，体现的是对你的一种信任。如果你能够体谅上司的要求，并且主动多做一点，领导也会看在眼里记在心上。如果暂时你摸不透领导的心思，而且由于接触时间短，领导也并不完全了解你时，还把一些生活琐事交给你去处理，恰恰是一种考验，你是否能把生活和工作分得开？你是否就是一个懂得听话不善于思考的人？你在小事中能否仍然有条理有组织？这些内容也都是衡量你工作能力的一个侧面。当然在职场中我们也要保留自己的原则，如果你的领导是那种苛待员工，只知道使唤下属而完全不考虑员工感受的人，你也要在适当的场合表明自己的立场，你虽然是个求职者，但是也不可能变成领导的“保姆”，凡事都得有个尺度才行。

从一个小助理，成长为领导满意的下属进而得到赏识的职场故事莫过于电影《穿 Prada 的恶魔》中，安迪的“职场升职记”，建议职场新人都可以当成一个案例赏析一遍。电影中追求完美的时尚女魔头无论公事私事都交给助手打理，把可怜的新人安迪折腾得苦不堪言。印象非常深刻的是女魔头让安迪为自己孩子拿到还未上市的《哈里波特》书稿，这对于刚刚入职的安迪非同小事。但是让人最为感叹的是安迪的细心，在拿到书稿之后，复印了两本直接送到了女上司的双胞胎女儿手上，在女上司问起她书稿事情的时候，她的孩子已经在火车上读到最新版的书稿了。这样的一幕我们看到安迪不仅只是为领导办事，而是过程中主动地思考领导的内心需要，书稿是个途径，更重要的是上司希望自己的孩子更加开心。能够想到领导还没想到的事情，善于提前发现领导的需要，是一个工作主动性的体现，更是一位下属必备的能力，

如果你感到自己不是在工作，而是变成了一个义工，成为上司的保姆的时候，自己所做的这些琐事，是否真的就一点意义都没有？让自己在工作内容中找到对自己有意义的方面，这并不是精神胜利法的自我催眠，而是希望我们能够带着平和的心态进入工作状态。工作久了，你就会发现，任何一个工作岗位都不能完全符合你的心意。即使换了岗位换了领导，也难保你就可以在工作中一帆风顺无忧无虑。天下没有十全十美的工作，但是值得欣慰的是，我们还有选择权，可以自己选择如何去对待这份工作。

工作的好与坏，标准在于自己的心中，如果你希望收益高，就不能拈轻怕重；如果你期待实现梦想，就不能抱怨短时期的收入低；如果你不在意薪水高低，看中的是工作能否带给自己价值感、成就感，那就不要过分在意他人的意见，喜欢什么就朝着心中的方向努力。摆脱“义工、保姆”的工作阴影，尽快消除内心的尴尬，你带着什么样的心态进入工作岗位，你的工作结果是会说话的。从琐事中多一分对领导的认识，多一分主动承担工作责任的信心，也就多了一分乐在其中的收获。

我是老板，所以我说了算

强势上司的职场软暴力

职场新人，在步入工作岗位之前，每个人心中都期待遇见一位完美的上司。而上级又是职场中相对强势的一个群体。虽然谁都不希望遭遇这样的上司，可是一不留神，你就会遇见一个“穿 Prada 的恶魔”。先别急着抱怨焦虑，即使遭遇了强势上司的职场软暴力，相信只要投其所好，也定会“化险为夷”。

强势的领导，并不意味着有气势没头脑。他们的做事方式直接，甚至有点简单粗暴，但是都体现出几个鲜明的特点。首先，他们的工作能力非常强。有实力的人说话才有底气。如果在他面前，当你被一针见血地指出错误时，即使领导态度强硬语气不好，关键是说明了你的能力还差得很。虽然我们都是家长捧在手心怕摔着，含在嘴里怕化了的“宝贝”，可是一进入职场，就要尽快适应工作角色中的全新游戏规则。我们不再是大家关注的焦点，不能再将他人的宽容和忍让当作理所当然。

强势上司的另一个特点就是管理严格。“我是老板，所以我说了算”经常是强势领导的口头禅。这样的领导讲求效率，需要的是下属服从和接受，面对下属的工作错误毫不放过。你离上司心中的期望值越远，注定越要努力改变自己在他眼中的形象，意气用事对你的工作毫无帮助。大家都有各自的工作职责，遇到肯耐心教你的上司自然是好运气，但是遇到强势的上司，就要赶紧转变心态，你不能要求上司按照你的想法做事，自然要慢慢地学会适应上司的不同要求。

当你在职场中遭遇一个强势领导带来的冷暴力时，工作态度和心理状态都需要一个过渡，虽然他们的表现方式一般职场员工都不能接受，但是不得不看到在他们近乎吹毛求疵的要求下，你的成长速度确实在加倍。端正态度后，从上司的冷水中找到自己工作中应该改良的部分，争取下次不被抓到“小辫子”；从上司冷言冷语中懂得沉着冷静的必要性，紧张和胆怯只会让你看起来更心虚。学会和不同性格、脾气的领导相处，本身也是体现职场人的工作能力之一。

在强势的领导手下干活，你的工作不可能得过且过。所以对于领导交代的工作，尽量做到全力以赴，遇到困难也不要退缩，即使在工作任务比较重，自己感觉超负荷的时候，也要端正态度之后再和领导商量，不要带着负面情绪反驳他的要求，越是面临强压也许越是加速成长的时候。

在这样的老板手下，你的成长是非常迅速的，能力的提升也会立竿见影，也许你离开他的时候，反而会感谢他的严苛。领导再强势，他也是一个普通人，有自己的喜怒哀乐。在工作中的软暴力，不过是自己领导风格的一个侧面。与其相处时，不要一味惧怕他的严肃强势，做好自己的本职工作，端正工作态度，他越吹毛求疵，你越要换个心态，与其硬碰硬，不如以柔克刚。如果像他这样强势、这样难缠的老板都搞得定，在任何岗位都不用害怕，一定会有实力笑傲职场。

第四篇

我不是完美小孩

“完美主义”教育并不完美

作为父母，总是想给自己孩子最好的生活，最完美的保护，更期待自己的孩子能够青出于蓝胜于蓝。所以众多家长在教育孩子过程中会产生一种“完美”情节。他们不愿看到孩子日后走弯路，希望孩子早日成才。为了孩子完美的明天，他们下定决心，要从小严格教育，减少孩子犯错的可能，使子女成为他们“完美的结晶”。

对于孩子来讲，许多观念是被家长灌输的，例如在孩子上学时对知识充满好奇，他们并不知道学习成绩的意义所在。但是，如果家长老师都认为成绩高就等于掌握知识能力好，成绩名次就会成为他们衡量孩子优秀的标准。只有当孩子取得理想的成绩时，父母才会展露笑颜，只有考了第一的时候，孩子才可以称为优秀，那么孩子的心里就有了这样的定义，必须达到完美的结果，其他的结果哪怕考到第二都是失败，都不会让父母老师高兴。

所以我们会看到一些孩子，明明考试分数很高，但仍然看不到他们开心，甚至从他们的脸上我们看到害怕、紧张，原因是他们认为没能考第一就意味着家长不高兴，没有满足父母的要求，就不值得满足高兴。不管周围人如何鼓励他，赞美他，他还是会觉得自己做得不够好，一旦看到父母失望的脸色，强烈的内疚感就会产生。

有的父母甚至无法忍受孩子任何他们认为不完美的举动，无时无刻不在纠正孩子的行为，作为孩子来讲，童年本是玩乐的体验，但是有的家长在培养孩子行为习惯的时候，忽略了他们这种玩乐的天性，从不耐心听孩子的心里话，只知道强制规范，不准孩子说不，不允许孩子挑战父母权威，反复告诫孩子父母的话都是对的，听话的孩子才是好孩子。这时候孩子心里会认定只有不停地努力，不断做到完美，才能得到父母的认可。

在这种教育方式影响下成长起来的孩子，会比较听话、孝顺、能干，但是他们也会有一些性格缺点，比如事事追求完美，内心容易失衡。一旦结果偏离了自己设计的完美路线，就会处于紧张和焦虑的状态，很容易否定自己。具有完美主义倾向的孩子，总是会对自己的行为产生不满并且感到内疚。他们时刻要求自己达到高标准，一旦未按照要求取得理想结果，就痛恨自己。

有时完美主义过于极端，一旦事情没能按照设定的那样完美，孩子头脑里就会想到，自己不优秀，父母会不高兴，就会陷入深深的痛苦之中，压力增大，也会表现出沮丧困惑。有的时候，他们害怕自己做得不够好，宁愿不去开始。

孩子不会某一天突然变成了完美主义者，思想上的这种倾向与父母从小的关注与教育程度有关，教育需要智慧，培养孩子更需要家长花心思，完美主义虽然可以教育孩子竭尽全力将事情做到完美无瑕，但是也要讲究适度的标准。家长需要认真想一想：对孩子的期待究竟有多高？对于孩子的未来，是父母还是孩子自己决定的？成绩高工作好和孩子的心智成熟哪一个更重要？

严格要求孩子，从小培养良好的行为习惯是对孩子的身心发展有利的，但是严格不代表苛刻。完美式教育，虽然出发点是好的，但并不一定会得到一个完美的孩子。对子女的期待，也要根据孩子不同的特质而定。不要为了培养一个完美的孩子，就破坏了孩子自然的成长路线，更不要过分担心他们的未来，你们需要教会孩子的不是拥有一个十全十美的未来才是最重要的，而是帮助孩子了解自己的心，学会用自己的方式去感悟世界，享受生活。试问每一位家长，你们希望自己的孩子是一个表面完美内心却失衡的人，还是一个成就平凡但是拥有健康心态的人呢？

有一个完美的孩子叫做“别人家的孩子”

“你看看邻居家的某某，天天一回家就学习”“你的表姐是重点大学毕业的，你怎么不像人家那么努力呢”……这些话听起来多么熟悉，当家长要求孩子努力学习或者取得更大进步的时候，别人家的孩子就出现了。被这个“别人家小孩”一直打败的我们，如今是不是也在用同样的话来教育自己的孩子呢？在我们的成长过程中都有一个“宿敌”，有一个也许见不到但是无处不在，从来都不曾有缺点的完美小孩——“别人家的孩子”。

别人家的孩子，永远刻苦学习，不玩游戏，不爱打扮却又可爱，听话认真，成绩好、学历高、工作钱多又不累，还有一个完美的男女朋友……微博上，众多网友吐槽“别人家的孩子”，可见深受其害。总把别人家的小孩放在嘴边，其实是众多家长心理的一种投射，认为自己的孩子不够完美，与自己的要求还有差距，所以他们只好将内心的期待投射到其他事物上，只看到其他孩子身上的某一种优点，便将其放大，认为其他的孩子就如同表面上看起来那样完美，借以这种美好形象，来为自己孩子树立榜样，让其意识到差距、懂得进步。

虽然众多父母希望给孩子找一个榜样，但是用这种对比方式并不能起到好的效果，弄不好还会影响孩子的自尊心。如果孩子的观念里总是需要和他人比，那么父母的眼中，总有更多更完美的孩子比自己优秀，孩子内心就会感觉“没希望”，因为做得再好，别人家的孩子总是更优秀，超过了一个，还有很多个。孩子的成长过程需要客观向上的评价，他们对自我的认知多数都是从身边人的评价开始的。如果父母能够帮助孩子意识到自己与他人的差距，并且关注自身的不断进步，孩子才能够感到被关注，才有进步的动力和信心。

转念一想，也许你的孩子现在正是其他父母羡慕的“别人家的孩子”，也许他们成绩并不突出，但是他们做事总是认真踏实，也许他们没能琴棋书画样样精通，但是他们有自己的爱好并愿意努力付出，只要你愿意去找，孩子身上总是有许多闪光点。由于你的忽略，你对“别人家小孩”的关注，忘了给自己孩子鼓励，那么这个“自己家孩子”将是多么难过。多发掘孩子身上的优势，他们会变得更加开心，更加自信。

完美的孩子并不存在，虽然每位家长都希望自己的孩子成为优秀的人，但有些父母身为成年人，却不能用成熟的心态来看待自己的教育方式，他们会将自己心中对孩子的完美期待无限放大，一旦孩子稍微不达标，就恨不得马上采取各种方式去操纵、去改造，对“别人家孩子”的赞美和肯定，实际上正是一种教育方式的冷暴力，家长试图通过这种“榜样的力量”来修正孩子的时候，实际上孩子接收到的信息是对自己的否定和批评，这个过程中孩子并没能接收到正向的信息，虽然他们可能犯了错，但家长又何尝不是以偏概全，全盘否定了孩子的现状。

一次次提到“别人家孩子”的好，其实就是对自己孩子一次次的否定，这种负面信息强加到孩子身上，使本来开朗的孩子变得内向，孩子的积极努力得不到认可，也会内心产生对“其他小孩”的怨恨，他们认为有了他人的存在就让父母看不到自己的好，这种负面思维严重地影响了孩子的社交能力。

家长们在教育过程中犯的最常见的错误就是总以为自己是对的，他们固执无端，希望用自己的权威来教育孩子，虽然内心满满的都是对孩子的爱，却不懂得如何用正确的方式表达。他们并不把与孩子的沟通当成一件重要的事情，而是习惯于发号施令，要求子女服从，听话的孩子就是好孩子，这成为众多家长的标准。可实际上不平等的沟通对孩子是有害的，再多频繁的沟通都只能是徒劳。长久下去，孩子与父母之间的隔阂会越来越深，父母觉得孩子越来越“主意正、不好管”，孩子认为家长越来越“粗暴、不可理喻”，彼此都是由爱产生了怨恨、误解。

做家长的成人们，需要意识到你们的点滴行为无时无刻不在影响着自己的孩子，父母的思想传递给孩子，就会被吸收，成为孩子的观念。你的表扬肯定要多用在自己的孩子身上，让他们知道你的积极关注，并且愿意帮助他们改掉坏习惯，扬长避短。当孩子知道原来家长是和自己站在一起的，是权威的形象又是理解自己的朋友时，他才能感到你对他的尊重，才能正面地认识自身的优缺点。

不然无论别人家的小孩多么优秀，对其过分地关注将会是自己孩子的噩梦，是孩子极度抗拒的形象。只有家长理解孩子，尊重他的意愿。孩子的成长才是良性循环，接收爱的同时才能学会如何去爱自己、爱父母、爱别人。

为什么我们不敢表达真实的想法?

“我爱我的父母，但是他们不停地希望我按照他们的想法去生活，选工作要听他们的，选恋人也要经过他们同意，这种被安排的状态我实在是受不了，每次我想告诉他们我的想法的时候，我都害怕惹他们生气、伤心，我该怎么办？”

在邮箱的来访者邮件中，许多人都提到了关于“表达”的困惑，心里的话到了嘴边却说不出口，有时候心里明明难过得要命，却无法告诉身边的人，强颜欢笑自己默默承受，究竟是什么封闭了我们心声的表达？为什么我们不敢吐露真实的想法？

许多人说，因为我知道父母是为我好，所以不敢顶撞。如果不按照他们说的做就是对他们的伤害，我不能让父母伤心，才不敢说出最真实的想法。正是这样的担心，我们一次又一次选择了顺从，选择了沉默。可是让父母满意了，自己却不快乐。小时候还好，只要听父母的话至少对自己没有坏处，可是当我们慢慢长大，思想不断成熟，我们早已经有了自我判断意识，为自己做主的需要也体现了出来，再次遭遇父母的强势，矛盾就突然变得尖锐了。

从小到大，一直以来许多人与父母的相处模式就是父母说什么，他们做什么，在家长的权威式教育下，很多孩子不善于表达，因为自己身边的所有事情都被家长安排好了，有不同的想法时只好默不作声。如今你长大了，父母眼中的你却还是孩子。他们依旧觉得你很需要保护，需要为你遮风挡雨，所以他们才会迫不及待地帮你安排学业、工作、生活的城市甚至感情。

许多孩子习惯于把沉默作为无声的抵抗，实际上我们心里思来想去，翻江倒海的时候，别人是根本不知道的。你一直以来都顺从父母的意见，他们也就习惯于忽略你的主观想法，毕竟他们总是认为自己的出发点永远是好的，所以也习惯了替你做决定。有时候父母觉得你不吱声，就是一种默认，一种听从。

打破这种僵局最好的方式就是你要向父母证明，你有信心并且有能力照顾好自己的生活，你已经长大，对工作恋爱有自己的思考和选择，他们对你未来的担心和忧虑，你非常理解并且感谢，但是更要让父母知道，父母陪你的时间毕竟有限，以后的路还是需要你一个人去探索，他们的保护只会让你变得更加软弱。

面对同一件事情，你们的选择是不同的，但是出发点却是相同的。

比如父母强烈要求你考公务员，他们的目的不是逼着你学习让你痛苦，而是希望给你一份无忧的生活保障，而你拒绝参加考试，正是认为自己可以通过其他方面努力，为自己创造同样无虑的未来。只要你可以晓之以情动之以理，让他们看到你心里已经有了明确的打算，有了认真的分析，不是盲目、冲动、叛逆地反对他们的时候，相信父母也能够开始理解你，学会换位思考。

如果害怕冲突而不去表达的话，矛盾则永不会消失。

而且当你越害怕遭到父母的否定时就越不敢表达，还没有想好怎么说，自己先把所有的不良后果都想了一遍，在脑海中不断强化那些负面结果的影响，自然更没有信心说出你想说的话。道理可能很多人明白，但是真正和父母沟通的时候，多数都没法正常进行，甚至一不小心就变成争吵，两败俱伤。其实两代人对事情的理解是不同的，在父母面前，不敢表达自己真实想法的原因是我们陷入一个误区，与父母意见不同并不代表一种伤害，父母也不是真的冥顽不灵，毫不在意你的想法。面对父母的权威，我们学会以柔克刚，不要硬碰硬地顶撞。

在父母眼中，孩子是长不大的，这也是许多家长陷入的情感误区。

他们觉得给予你再多的保护都不够，却忽略了最关键的解决办法是让孩子懂得如何保护自己。要证明自己已经长大需要一个过程。小的时候，父母不厌其烦地给我们灌输各种各样的知识与想法，现在，我们就要努力向父母灌输这样的想法：我已经长大，我可以为自己的人生负责，我理解你们的爱护，但我更需要你们的支持与理解。

想一想如果父母变成了你的孩子，你怎么教会他们理解你。当他明白这个道理的时候，也许我们的表达也就轻松自如了。

挖苦讽刺的家长，住嘴！

讽刺言语造成的心灵伤害

晚上在超市里闲逛，一个中年男子的声音引起了我的注意，“你怎么这么笨？真是不知道你脑子里都装了些什么？”只见一位父亲正在对着他的儿子大吼，孩子面对训斥，低着头不吱声。碰巧结账的时候，这对父子就在我的前面，这时又听到父亲对孩子的责骂：“你说我养活你十几年了，你怎么这么不争气，这点小事都做不好！”原来孩子正在整理物品的时候不小心把身边的口香糖架给弄散了，面对父亲的批评，孩子仍然一言不发，慢吞吞地把糖都捡起放好，父亲的责骂声还在继续。

这是中国众多家长常犯的错误，家长面对孩子的过失时往往采取挖苦批评的教育方式。用这种负面的定义代替鼓励支持，靠训斥讽刺让孩子明白他的苦心。负面的信息传递到孩子耳中，会让孩子的认知产生偏差，多数孩子面对父母的言语伤害都不知道如何面对，长久下去，家长的这种教育方式会破坏孩子控制情绪的能力，使他们困惑，让他们不知所措，严重制约孩子身心灵的健康成长。

讽刺言语代替平等沟通，压制了孩子们的天性，家长只图把自己的意志强加给孩子，却没有看到他们作为一个个体的存在，没有尊重孩子的意识，认为只要自己的出发点是好的，就不需要考虑什么方式方法，“我是家长，我就是正确的”这种思想使不少家庭中的亲子教育产生弊端和负面作用。

在孩子成长的心灵中，他并不能够理解父母的这种语言方式，挖苦、讽刺的语义对他来说是强烈的负面刺激。他从父母的表情、语气中察觉到这并不是什么表扬，时间长了，在这种交流环境下，他也会反感、愤怒，甚至表现出行为上的反抗。可是当孩子试图反驳，为自己争辩时，“你以为你是最好的？”“你以为你比我们更有经验吗？”——来自父母的谴责声会变本加厉，更加刺耳。

在讽刺声中，孩子的第一反应就是觉得父母不讲道理，在他们并没有能力对是非进行正确判断的时候，不但没能得到父母的正面引导，反而遭到父母的责骂；不仅没能意识到自己的行为究竟错在哪里，应该如何改善，还在心灵上留下伤疤，不敢犯错不敢表达。这对孩子养成正确的行为习惯是没有任何帮助的。

这种教育环境中，孩子不愿意继续上进。因为他的努力并没有得到认可，感受不到父母对他的期待。长大之后在与他人的交流中也有可能继续沿用父母的这种交流中夹杂讽刺与挖苦的沟通模式。所以天下的父母们，快醒醒吧。孩子和大人一样，虽然他们还没有形成系统的人生观、价值观，但是他们并不是没有思维，不管父母借用的理由是什么，只要遭到父母言语上粗暴的对待，他们第一时间产生的心理反应是一样的——愤怒。

但在许多家庭中，父母是不允许孩子说“不”的，不能接受孩子也有愤怒的一面，那么孩子接收到这样的信息，他们就会把自己的想法压抑下来，因为他们担心一旦表达自己的不高兴就会惹爸妈生气，就意味着失去父母的爱和认可。处在懵懂时期的孩童，最在乎的就是父母的接纳和爱，为了维护父母对自己的好，他们甘愿压抑自己的想法。

可是负面情绪一旦产生，人人都会寻找一个宣泄的出口。有的父母会辩解：“这不一样，他就只是个小孩子，我全是为了他着想才严格要求他，况且他看上去从不生气。”也许你的孩子不敢当面顶撞你，但是有可能伤害他身边的那些无法反抗的东西，比如玩偶和比他还小的孩子。所以某一天你发现刚给孩子买的玩具怎么第二天就坏掉了，很有可能就是他们在寻找愤怒的替代品。

随着年龄的增加，孩子对世界的认知也越来越广泛，逐渐形成了一些自己的思维，这个时候他开始希望自己得到尊重，受到家长的重视以及他们的鼓励和认可。但是我们还会听到一些父母因为一点小过失就给孩子下了定义：“你没希望了”“给你花钱上学就是为了让你犯错误吗”这些消极的信息否定了孩子的世界，无异于将孩子推到了无能的境地。

所以挖苦讽刺并不意味着成功的教育，对孩子来说，父母是神圣的，他们希望看到父母高兴的面孔，他们期待自己的努力被父母接纳认可，如果家长们没有正确的认识，没能采取正确的教育方式，只会把优秀的孩子变得平庸。

我这么做，都是为了你好！

古语常说“棍棒之下出孝子”，也确实有很多家长遵循着这个理念来教育孩子。可同这种肉体上的责罚相比，孩子心灵受到的伤害常被家长忽略。我们坚决反对家长对孩子实施肉体上的暴力责罚，更希望越来越多的家长能够了解情感暴力的危害性。来自父母的情感软暴力，同样具有巨大的危害，所以，请不要以爱的名义操控孩子。

在亲子教育方面，情感的软暴力的表现方式有几个方面，这一篇我们来说说家长对孩子情感绑架的一个普遍方式，叫做“为你好”型。带有这种情感压迫的家长们，秉承了一个思想就是“我这么做，都是为了你好。”这是家庭“软暴力”最常见、最典型的方式。孩子在学习、交友、做事等方面，哪个地方的想法如果与家长有不同的意见，家长总会拿出这个理由，希望孩子明白他们的良苦用心。

“你要好好读书，爸爸妈妈这么做都是为了你好”——这句话成为众多父母劝说孩子努力学习时的理由。他们担心自己的孩子输在起跑线上，所以只要孩子懂事了，就开始报各种兴趣班，要培养孩子各方面的才能，霸占了孩子的童年。当孩子逐渐长大，有了自我意识，开始反抗家长的这些安排的时候，家长就会苦口婆心地告诉孩子“你还小，什么都不懂，我这么做是为你好”。孩子懵懵懂懂，虽然不太能理解父母的意思，但是迫于父母的权威，只好违心照办。

读书时，父母他们担心孩子的学业跟不上，就四处“寻医问药”，给孩子报了补习班，平日晚上周末全天，恨不得孩子每时每刻都把精力花在学业上。并反复告诫孩子“这么做，都是为了你的将来，现在的辛苦算不了什么，难道你想以后吃苦吗”。许多孩子虽然内心有百万个不情愿，但是也无法反抗，有一些青春期的孩子这时候就萌生了“一定要去外地上大学”的想法，希望通过这种选择来逃避家长对自己的控制。

当孩子步入工作岗位，进入成人阶段，父母的心仍旧操不完，他们担心孩子选择错误的恋爱对象，反复强调恋爱必须先过了自己这一关才行。好多年轻人满心欢喜地将自己的恋爱对象带回了家，希望同家人一起分享幸福的时候，却遭到了父母的反对。他们挑剔对方的长相、工作岗位、家庭条件，甚至就凭一个“对方不是本地人”的理由就完全反对子女的恋爱。孩子争辩这是自己的恋爱自由，父母也很委屈：这一切，不都是考虑孩子的将来吗？由于父母的反对，好多有情人无法成为眷属，不仅孩子面对父母的干涉不能理解，父母也很难过，认为子女不能理解自己的苦心而感到伤心。

“这句话有问题吗？”很多家长表示困惑、怀疑。我们谈到的情感软暴力，指的是家长过分操办孩子的事情，虽然父母的出发点是“为孩子好”，但是他们没有尊重孩子的个人意愿，忽略了孩子也是作为一个独立的个体存在。这种做法无形中把孩子的个人角色架空，没有给他自由的权力。将父母的意识强加在孩子身上。“一切都是为你好”这种思想让父母站在了一个道德的制高点，长期处在这种思想影响下，父母会觉得自己所做的一切都是对的，原因我是你的爸妈，我要对你负责，所以我做的都是为了你好，你就必须得听我的错误观念。

可是作为少年时期的孩子，他们不喜欢父母长篇大论地讲道理，更不能理解什么是成功，也不能意识到家长天天挂在嘴边的“现实的残酷”到底是什么。而长大之后的他们已经形成了自己的世界观、恋爱观，他们愿意并且应该有勇气为自己做主，为自己的决定承担后果。所以作为父母来说，为孩子好并不意味着就要替孩子做主，不代表可以忽视孩子的个人感受，更不能过早地替孩子计划人生，设计爱情。过多的越过子女的想法做决定，越会影响孩子的性格发展，使其成年之后无法养成独立的人格。这种表面上为孩子好的想法，实际上也会造成很多家庭矛盾，影响子女与父母之间的情感交流。

可怜天下父母心，他们确实心中所念所想的就是自己的孩子，担心的害怕的就是孩子的未来之路不够顺利，所以他们想尽一切办法希望通过自己的努力，不让孩子走弯路，不让孩子将来吃苦。我们常说：家是一个人的避风港。我们都希望从家庭中找到成长的动力，获得心灵能量。所以希望家长能在给予孩子温暖的同时，清醒地认识各种“软暴力”造成的心理危害，不要用爱的名义绑架孩子，让彼此之间的关系更加利于孩子身心的健康成长。

第五篇

你了解自己吗?

情绪你好

情绪再见

情绪你好，情绪再见

“最近吃饭总是没胃口。”

“每个月总有二十几天不想上班。到了周末更不想出门，不想说话！”

“和恋人最近也总是莫名其妙地吵吵闹闹，一点意见不合自己就会控制不住情绪爆发！”

我们怎么了？

快速节奏生活的当下，我们难免遇到情绪失控的时候，没有得到自己想要的会感到悲伤，得到了自己想要的又经常陷入患得患失。当上述的情况时不时出现在自己的生活中的时候，你是否考虑过自己身上究竟发生了什么问题？关于这些如影随形的消极情绪，我们究竟了解它们多少呢？

情绪是我们对客观事物的一种内心体验，反映了我们对客观事物的态度。它就像空气，无声无息地围绕着我们、伴随着我们，成为我们行动、学习或思考的一种心理背景。一个消极的苦果足以毁坏一整天的生活，甚至还会传染给周围的人。那么这些伤人与无形之中的消极情绪我们真的摆脱不了么？

消极和积极往往只是一线之差。

消极情绪的产生不会那么轻易被察觉，即使当你感到愤怒、悲伤、嫉妒、怨恨时，你不一定愿意承认自己这样想。所以面对消极情绪，请练习说“你好”。负面情绪每个人都会有，要认清消极情绪也是情绪的一种表达方式。只有接纳了积极情绪和消极情绪，才是接纳了完整的自我。

我为什么焦虑？为什么烦躁？为什么生气？为什么难过？为什么觉得挫折无助？这些情绪都不是凭空出现的，找出引发情绪的原因，我们才能对症下药。

出去走走。如果长时间在室内不与他人接触，情绪也不会兴奋起来，所以你需要将情绪调动起来，例如参加一些朋友的聚会，或去做一些你喜欢的运动，让身体动起来，这时候你的热情才能高涨。如果遇到晴天，就赶快拥抱阳光，到室外去，走走更健康！

助人为乐。消极有时候是体现在没有自信和满足感上。如果尝试从小事上给予别人帮助，往往可以让你得到心灵上的慰藉。帮助别人，而且用心帮助别人，逐渐会成为自己快乐的源泉，自我的满足感油然而生时，消极情绪也会退缩。

等等它。所有的消极情绪都是有时间段的，可能是几天，也可能是一周，甚至是一个月。压抑会产生厌倦、懒惰的行为。越是懒于做事的人，越容易产生心理危机。把自己的作息时间安排得井井有条，更加勤奋工作或学习，就不会有时间再去考虑那些令人心烦的事了。而且，当你成功地完成某项工作后，心里也会踏实许多。

情绪再见。如何解除消极情绪的烦扰，每个人都需要找到最适合自己的方法，除了上述的这些方式，跑跑步流流汗、喝一杯香浓的咖啡、听一段柔美的音乐，或者散步闲游，都可以帮自己打破坏情绪的魔咒。

今天，你发脾气了吗?

我们与恋人相处久了，就会陷入一种理所当然的惯性中，认为对方对自己好是应当的，心里难受理所当然地向对方发泄，或者认为“既然爱我，就有义务忍受我的脾气”。所以我们在亲密关系面前，更忍受不了自己受一丁点委屈，虽然男生常说女生发脾气的时候很可爱，可是这不代表你就有权利将负面情绪不分青红皂白地全部砸在对方身上。有时你会觉得自己根本没有错，是被他惹生气了才要发脾气，可是当你情绪平息的时候，你是否想过这一次有足够的理由生气吗？除了发脾气，就没有别的解决办法了？当你发泄时，你心里还在乎对方的感受吗？

女孩子有时候有意无意地希望耍耍脾气来考验男友的耐心，其实存在这种考验心态是你内心的不安全感在作祟，你希望对方通过你的测试，以证明他对你的耐心爱护是真实的。可是如果你将发脾气当成一种习惯，或者经常性地测试对方反应而乱发脾气，又或者因为一点小事就控制不住自己的情绪，只能说明你太自私，只顾自己的感受，全然不考虑对方的处境和心情。你自己把愤怒发泄出去了，心情轻松了，可是对方接收到的是什么信息？

要知道，没有人喜欢整天面对一个苦瓜脸，动不动就发脾气的人，你的抱怨、你的发泄虽然短时间可以让自己的负面情绪爆发出来，但是也会让最在意你的人感到委屈。两个人在一起，磕磕绊绊是避免不了的，但是如果你只懂得用发脾气来解决问题，只能说明你还没有用心去经营感情。没有人天生就懂得忍让，尤其是在你发脾气过后，他们仍然愿意迁就你、安慰你的时候，正是表达一种关怀，一种爱护。无论你是男生女生，都有生气的权利。可是你却不能想当然地随便发脾气，尤其是在恋人面前，他们对你的爱有多深，你发脾气的时候就会受伤多深。

拒绝情绪污染

工作上会有很多烦恼的事情让我们感到焦虑，有时候愤怒的产生不是来源于问题的大小，而是来自心底对自我的认知偏差和不安全感。我们担心自己不能及时解决问题，怀疑自己能力不足，恨自己危机意识薄弱，甚至气愤自己的个人能力有限，这些对自我的否定都是坏脾气产生的原因。当你处在人际网络中的一环时，你就不再是一个个体，当你发脾气的时候，美好形象全部被毁。任何人都会有情绪低落的时候，这正是我们觉察自己、提升自己的时机。为小事发脾气会显得幼稚，为大事发脾气只会给自己和他人添堵，更不利于解决问题。

我们期待得到他人的尊重，但是生活工作中，你是否能够做到尊重他人呢？你有没有让你的坏脾气污染了别人的情绪呢？当你没能控制自己的负面情绪，陷入情绪化，或是发脾气时就会给周围的人造成紧张、烦恼甚至敌对的气氛。他人感受到的是你的负面信息，即便你认错道歉，也不会让你的行为在他人眼中变得合理。没有人愿意受到情绪污染，在焦虑愤怒等情绪的作用下，我们时常会失控，做出伤害到他人的事情，这样不仅破坏了正常的人际关系，也对自己的发展造成了影响。

找到属于自己的情绪垃圾桶

坏情绪一旦产生，就不可以埋在心里，坏情绪“宜疏不宜堵”，当我们意识到它的存在时，学会接纳，而不是自我纠结，找到合理的渠道发泄或转移是最好的办法。每个人都要找到属于自己的情绪垃圾桶，可以是家中一只毛绒玩具，将你最烦躁的心事说给它听；也可以选择把坏情绪转移到其他无公害的事情上，去健身，去购物，只要找到一个出口，不让自己陷入发脾气的恶性循环中就好。我们的情绪、认知与行为，都是互为因果关系的，可以通过行为或认知来调整我们的负面情绪，换个考虑问题的角度，通过行为的变化，没准就能够让想发脾气的冲动烟消云散。

心理学上有一个故事被称为“踢猫效应”，讲的是一个男人被老板批评后心情极差，回到家把孩子骂了一顿。孩子心里窝火，踹了小猫一脚。小猫跑到街上，正好一辆车开来，司机赶紧避让，却把恰好出门买烟的父亲撞伤了。这个悲伤的故事提醒着我们情绪污染的可怕后果，所以不管你感到怎样的委屈或焦虑，都不要随便地对其他人发脾气，爱你的人会因为你的自私而感到受伤，周围的其他人更不能理解、宽容你的情绪污染。

今天，你发脾气了吗？希望我们每天都能得到一个否定答案。

你是不是得了取悦症?

我们常常调侃自己和他人，身在社会就是要学会取悦别人，不懂取悦没有出路。但是如果你发现自己已经摆脱不了这种习惯性的“好人”角色，那么很有可能你的内心已经“生病”。你是周围人眼中的“老好人”吗？如果是这样，那可要小心了。

职场中的你，摆脱不了的“好人情节”

初到一个陌生的环境中，我们希望尽快拥有一个属于自己的圈子，害怕他人的批评，也害怕孤独。所以一开始面对身边的人，我们期待留下好印象，在建立人际关系的初期，我们不自觉地想尽一切办法讨好别人，这种期待给了我们取悦他人的动力，慢慢地，我们会觉得这个人是否喜欢自己，和自己为他（她）做了多少事有关，取悦他人来换取认可成了我们衡量自己能力的依据。

职场中，领导和同事经常会对我们提出一些要求或请求，如果你不懂得拒绝，很有可能把自己陷入一种忙乱的状态中，应接不暇的工作、无法推辞的邀请，甚至还要想办法抽身去帮同事的忙，感到身心俱疲的你，这时候已经把自己“逼”成了一个“好人”，不得不为了他人而牺牲自己。

执迷不悟地当“好人”，只会让你看不到他人的真实目的，很多居心叵测的人会利用你这种心态增加你的负担，你对这些人越好，他们越觉得这些都是理所应当的，所以他们会更加变本加厉地向你索取。所以在工作中，既要同周围人建立良好的人际关系，但同时也要小心一些别有用心的人趁火打劫。

另外，“好人情节”会让你陷入到自我封闭的状态，因为你要保持自己给人留下的“好人”形象，所以在面对压力和冲突的时候，不敢表现出纠结和矛盾，为了避免冲突，只好把这些负面的情绪压抑在心中，这种规避风险的做法看似有效，毕竟表面上你用这种付出换来了他人的满意，但实际上这种压抑感会影响你的心理健康，抑郁情绪无法得以缓解，加上压力负担太大，很有可能让你的心态变得愈发失衡。

取悦症会使你的生活质量恶性循环，为了满足他人你只好坚持为自己带上友好的面具，忽略了真实的自己。因为你害怕受到批评，担心他人不满意、拒绝或抛弃自己，就会强迫自己去做自己不愿意做的或是超出自己能力范围的事，希望自己从各个方面都可以做到完美，而这些繁重的压力会让你不堪重负，内心越焦虑越紧张，对人际间的交往越缺乏安全感，但是为了保持形象又只能逃避这种负面的情绪，消极体验越积越多，只会更加引发内心的不安和冲突，甚至产生心理疾病。

情场上的你，取悦得不到长久的感情

在感情中，更多时候我们也愿意当一个“好人”，我们会为了让他（她）高兴，想尽各种办法，这有什么不对的吗？为了喜欢的人，的确需要付出、需要努力，但是为了他牺牲自己的时间和空间，甚至放弃了自己的底线、原则，因为害怕争吵，所以避免冲突，面对对方的要求，你只会说“是”，从不反对。但是你有认真思考这些背后付出的代价吗？一个人失去了自我，忘记了自己真正需要的是什么，这样忽略自己的感受，都没有好好爱自己，又如何能够更好地爱另一个人呢？

你认为你满足了对方的需要，就是对他们最好，但其实不是。在感情中，你的过度取悦行为，也会在对方那里变成了负担。过多的付出与忍让有时会给对方带来更多的压力，他们不知道该如何回报你，所以面对你的时候他们无所适从，找不到自己的位置，虽然对你心存感激，但是你始终扮演一个“好人”，对方会觉得自己在扮演“坏人”，没有办法平等地和你一起。这样的情况，一定是许多患了取悦症的人始料未及的结果。

只考虑他人的感受，为了满足对方的需要忽略了自己的真实想法，为了得到别人的欢心而放弃了自己的原则、底线，这种过分取悦的心态会慢慢地伤害自己。另一方面，你的不拒绝意味着没有主见，没有原则，这些你认为的最好的自己，可能在对方眼里变成了难以接受的缺点。如果只会用取悦来换取一个人的感情，也只会换来变味的情感，在这种不平等的关系中，没有互相珍惜，没有安全感，又如何能长久呢？

生活中的你，适度取悦不生病

取悦症的深层原因是对他人的拒绝、批评、不满意的恐惧感和畏惧感，他们害怕遭遇他人的不认可，内心自卑缺乏安全感，如果不选择取悦别人，换来他人的笑脸和认可他们就会感到被孤立、被利用甚至觉得自己一无是处。

害怕自己做得不够好，这些矛盾每个人都会遇到。一个完整的人，积极与消极的情绪都会产生，如果不能及时地表达自己的负面情感，我们的表现就会变得不真实，即使你周围的人都认为你是个“老好人”，但实际上，你的过分压抑也会让他们产生距离感，有的时候，你所谓的好心，可能在他人眼里变得多余，甚至让人讨厌，不想接受。

另一方面，在爱情关系中，爱一个人，不是为了他（她）一味地改变自己，我们要关注的是自己内心的成长，一个真正值得爱的人，是懂得珍惜自己，了解自己本质和需要的人。保持健康的情感关系，需要一个人对自己的自信心和肯定，要能够理解取悦换来的感情并不持久，过分的满足对方只会让对方厌烦和远离，吸引一个人不能依靠对他（她）所有要求的任何和满足，而是要靠平等的尊重和彼此的珍惜。

避免冲突有很多办法，过度取悦只会造成不良人际关系，你应该认识到内心消极情感产生的原因，如果对于他人的要求，你已经感到疲惫，就要适可而止。每个人都有自己的心理极限，不要为了满足他人失去自己的原则成为木偶，打破自己做好人的习惯，尊重自己的不满，同时要学会表达愤怒，逐步提高自己说“不”的能力。

取悦他人前请先取悦自己。

最好的旅行

6月，正值毕业季，拍毕业照、吃散伙饭，大家都在忙着留下回忆来纪念即将逝去的青春。很多人这时候选择了背包上路，通过旅行来给学生生活画上句号。同时，在路上的状态也成为许多城市白领追寻的感觉。他们厌倦了都市生活的枷锁，选择逃离，背起行囊上路，用旅行来让自己遇见另一片天空。

人生最好的旅行，就是你在一个陌生的地方，发现曾经熟悉的感动。为什么越来越多的人选择旅行？因为我们的内心都感到压迫，希望寻找一个出口，让自己内心的矛盾可以化解，暂时忘却烦恼。其实，旅行本身就是一种自我调节、自我剖析、自我成长的方式，就像心理咨询的过程一样。

心理咨询方式中，除了传统的咨询方式，现在有一种全新的咨询体验，叫做心理旅行。同心理咨询师一同上路，在欣赏秀美风景的同时，一场奇妙的咨询正在开始。在山水之间，在陌生的环境下，心理咨询师同你一起化解内心的苦闷与矛盾，体验一场奇妙的心灵旅程。带着专业的心理知识，换个角度看待自己当下的问题，在风景变换中不断接纳过去，在行走中寻找自我成长的原动力。

心理旅行帮助咨询者缓解情绪问题，抛开过去相对固定的咨询环境，用一种全新的方式实施心理咨询过程，在旅行中帮助咨询者恢复心理能量。但是，心理旅行并不一定局限于必须有专业的心理咨询师陪伴，只要你自己摆正心态，开放内心，你同样也可以找到另一个自己，完成一场自我成长的旅行。

无论你是因为需要疗伤还是逃避问题选择了上路，只要你下定决心接纳陌生，就不要一路上总想着那些让你烦恼的事情，难得遇见陌生人，就努力从陌生的环境中寻找点滴的感动。疗伤的理由可以有很多种，但是让自己痊愈的方法只有一个，那就是等待伤口慢慢愈合，重新开始。我们在喧嚣的城市中生活太久，每一天的节奏都是那样紧张快速，既然选择了旅行，就在出发时放下严密的心理防卫，敞开心扉，积极地接纳在旅途中遇到的一切。

在旅行中，你会看到不一样的风土人情，会惊讶于山水间的美景，会了解到原来有那么多种不同的生活方式。行走，就把心灵垃圾留在旅途上，把你的不良情绪宣泄在风景中，当看到那么多的人生活简朴，但依然乐在其中的时候，你的内心会受到巨大的震撼，试问自己每天生活的城市中，追求越来越“完美的生活”，但是内心却没有感激已经拥有的一切。

我们可能是打拼在城市中的一个小角色，在竞争的压力下渐渐失去了对幸福的感悟。生活和工作的压力让我们没有时间去耐心地与他人沟通交流，我们变得封闭，学会在不同人面前戴上面具。我们习惯封闭内心的同时，忽略了自己的内在需要，但是在旅途中，没有任何交集的我们，只因为缘分让彼此相遇，我们会发现人与人之间的关系可以很简单，只要你愿意，彼此可以很快从陌生到熟悉，在这里我们收获的人际关系和心理互动方式，要记得带回到你原本的生活中去，抛开那些复杂的利益关系，让自己变得简单一点。

最好的旅行，就是一面镜子，让你在放松的过程中寻找力量，每到一个地方，你都会看到一批和你一样在路上的人，他们和你一样，会遇到生活的矛盾，会不知所措，但是你也会看到他人脸上执着的表情以及沉稳的耐心，萍水相逢的缘分正是要告诉你，你不是一个人在战斗。

最好的旅行，不只是关注游山玩水，而是我们能够放下心防，拥抱生活，发现美好。虽然不能期待一次短期的旅行就会彻底改变我们的生活，但是当你回顾在路上的点点滴滴，你所经历的看到的想到的，一定会让你感受到自己的变化，在旅行过程中感知你与他人的交往，放开自己，让内心真实的一面展露出来，形成对自我的另一种认识，然后把良好的体验带回最初的生活中。

最好的旅行，不只是娱乐，而是一个人精神方面的成长，在一寸一步之间找到内心的力量。这场旅行无所谓开始与结束，也无所谓是现在还是未来，更与你身在哪里无关。只要你想，每一天都是最好的旅行。

消极型人格的积极人生

（周末没事，正好朋友约我一起去逛图书大厦，便在喜爱的心理学专栏旁驻足了整个下午。看到有一整排书籍的内容都是关于乐观主义心理学的，内容多数是在呼吁我们要树立乐观思想，积极面对生活，几乎没人提到悲观主义，我随口问了好友一句：你觉得是乐观主义好，还是悲观主义好呢？好友立刻回答，当然是乐观主义好，我可不想和悲观主义者交朋友！想起不久前的一位来访者，正是因为自己的悲观情绪总是被宿舍人员排挤的遭遇，我便有了写这篇文章的想法。）

悲观并不是失败的代名词

悲观与乐观都是对待生活的态度。就如同一千个读者心中就有一千个哈姆雷特一样，每个人身上都存在自己独特的人格特征。没有一个标准判断谁好谁坏，同样，只要每个人都能找到自身的定位和价值，生活都是充满希望的。悲观型的人们，只是生活态度中悲观的想法占了主导，但并不意味着谁是悲观主义，谁就是失败的代名词。悲观型人格同样可以拥有积极的人生。

具有悲观型人格的人群特征是他们对待坏事情、坏消息更加敏感，他们对外界事物有着防备心态，警惕着周围有可能造成危险的信号。这种想法让他们会更加努力地保护自己，把自己放在安全环境中去。大多数的他们，会将发生的事归结成命中注定。主观地认为事情会朝坏的方向发展。有时也会有杞人忧天的现象，看到别人遇到不好的事情就会担心是不是自己也会在劫难逃。

但是这种悲观思想，并不是只会带来坏处。相反悲观主义者在做事的时候会更加的稳重谨慎，他们会提前假设那些可能出现的阻碍或者烦恼，会为最坏的结果早做打算。我们太过于关注乐观主义的光芒，乐观也被众多的大师、媒体夸大了它的作用。实际上，任何一种生活态度都会有积极的一面，当然也有不完美的地方。我们都无法避免遇到挫折与困难，在遇到负面事件时，谁都不可能永远保持愉悦的心情。

所以说，悲观的性格并不可怕，他们不盲目地追求结果，不贪图一时的好处与快乐。他们虽然内心脆弱，但也努力保护自己。他们虽然有些胆怯懦弱，但是他们很早就能把不利因素考虑到，对于挫折的承受力更强，有居安思危的习惯。这样做的好处就是及时提醒自己，前面未知的东西还有很多，不要因为一点成绩就沾沾自喜，对未来多一点思考，对可能出现的不好状况多一点心理准备，遇事就会更加从容，不会盲目乐观造成更大的损失。

生活很美好，悲观请适度

如果你是个崇尚乐观主义的人，那么恭喜你，请继续保持这种阳光心态，不过在做事前认清自己的能力，不要盲目自信，时不时地给自己泼一泼冷水，对可能发生的状况多一些心理准备，避免空欢喜。如果你是悲观主义者，同样恭喜你，因为你在生活中犯的错误更少些，在决策上更谨慎。有负面情绪的人想问题更深刻，他们的悲观思想促使他们在做事过程中更具有分析能力，特别在出现突发状况时总可以保持头脑清醒。

可是如果生活被过多的悲观思想主导时，我们就很难从周围的环境里找到出口，我们的判断力也会因为盲目悲观而失去准确性。悲观情绪会消耗我们的心灵能量，如果经常把自己陷入悲观情境中，内心的无力感就会逐渐增强，把自己看得越来越渺小，过于纠结身上的压力，我们便中了负面情绪的圈套，会损害自己的身心健康。悲观主义者，千万不要中了悲观的圈套。

悲观主义者的心中，同样有期待，有梦想。有没有发现在我们的周围，越来越多的成功者或是有思想的优秀的人身上“碰巧”也具备悲观型的人格特征呢？

感谢悲观主义者，让我们的生活多一些思考，多一些提醒，多一些把握。

没有完全正确的选择，说说“选择恐惧症”

在网络上经常看到一些网友的求助帖，要不要换个工作？是否要听父母的话去考公务员？这个人，要不要继续和他在一起？大大小小的问题层出不穷，大事小事都有人发出求助信号，希望能有人指明方向，替他（她）做出选择。面对生活中的问题，他们已经习惯了有人在他们身边“指点”，习惯了听从，畏惧独自做选择，这种对于选择的烦恼让很多人不知所措。

当需要对一件事做出选择、判断的时候，会经常性地犹豫不决、瞻前顾后、迟迟做不出决定，反反复复，其实也不知道自己究竟纠结在哪里的时候就遇到了“选择困难”，这是一种广泛存在现代年轻人生活中的“症状”，有许多当事人调侃自己为“选择恐惧症候群”。

这些在父母、家人呵护下长大的孩子，虽然挤过了高考的独木桥，已经成年并步入社会，但是内心仍是孩童的心态，从小到大，在家里有父母做主，不需要自己操心，上了学，也有老师指导教诲，还有身旁的朋友可以求助。当他们走进社会，转换成社会角色后，自身的独立意识没有养成，在选择出现的时候，他们不知道如何取舍，第一时间会更希望把决定权交给别人。

这些人在面对选择时感到恐惧与不知所措，并非不可理解，有几种原因可以造成这种矛盾心态：

首先，追求完美惹了祸。

当一个人面对选择的时候容易踟蹰不前，很可能是内心乐于追求完美，希望做出最正确的选择，最大程度地满足自己的需要，有点强迫也有点小极端。喜爱追求完美的人，往往会赋予一个选择结果更多的意义，他们会思考各种可能性，苛求自己找到最理想的方案，但是如果真有一个最完美的选择，那世界上怎么会有那么多的人事后追悔莫及呢？又怎么会有那么多的错过与失落？越是希望能够一下子解决所有问题，越有可能会遇到更多的问题。

有一些人遭受着选择恐惧症的原因是自身的不自信，害怕选择错了承担后果。虽然我们在面对人生重大选择的时候都会犹豫顾虑，但是有责任心的人会通过理性的分析判断各种选择背后的利弊，有效地分析之后能够勇敢地承担自己的选择。因为内心的不自信，很多人常会在做出选择之后觉得现有的选择没有放弃的那些好，在现在的当下遇到了问题总是归结于自己当初选择的不对，总是认为自己做错了选择而懊悔。

还有一些人，在选择前过分夸大事情的影响范围，惧怕选择的结果可能会影响到人生道路，因而陷入无限的焦虑中，惧怕选择后必须要承担的责任和后果，觉得如果选得不好，人生就可能“毁了”。这种有点自己吓自己的心态，更加让其在选择面前恐惧不堪。

换个角度看，生活中有的选择其实是一件美好的事情，我们每天面对无数选择，才造就了我们每个人不同的人生道路。你对不同选择的判断，来源于过去的经验，依托于对未来的期望，这些都因每个人想要的不同而变得丰富多彩。选择相信自己，给自己一个机会来改变与挑战，做一个选择并不难。

直觉不是凭空产生的

一个人的直觉不是凭空产生的，人的第一反应很微妙，有时可以得出一些意想不到的判断，人的第一感觉是综合了一些我们察觉不到的五官的感受，这种通过潜意识感觉到的细微差别，可能依据的是过去经验，也可能是知识的积累和判断，所以如果在做一些简单的、影响范围小的选择时，我们不妨相信一回自己的直觉，跟着感觉走吧。

投硬币

即使能够让自己客观冷静地判断不同选择的利弊，但是到了最终抉择的时候，也会忐忑不安，心里的天平不知道该怎么倾斜时，不妨拿出一个硬币来一次“听天由命”吧。投硬币不是迷信，不是让我们真的就听从上天安排，这个过程其实是能够帮助你思考，激发你判断力的过程。当你投出硬币的时候，注意力高度集中，看着硬币起落，你的心中已经在做一个最终极的判断，硬币落在手心，看到结果的瞬间也许你的心中已经有了倾向，已经知道要做怎样的选择了。

所以，如果你是一个选择恐惧症患者，记得随身带硬币哦。

这个世界上，完全正确的选择是不存在的，我们所能做的最正确的选择，就是不断积累各种经验与教训，总结自身的不足，做好人生规划。这就需要你能够先回答一些问题：你自己喜欢一个怎样的生活或工作状态？对目前的情况，想做哪些改变或调整？为什么要改变？想做的改变是不是和未来的规划路线一致？为了达到自己的目标，你有什么优势可以发挥、有什么劣势需要避免？

经过这些问答，不断帮助自己梳理出未来的规划路线，不断了解自己内心的需要，面临选择时才会相对容易。另一方面，自己还要给自己打气，选择之后敢于坚持自己的决定，在选择的当下，能够深思熟虑做出一个自己认可的选择就是“最佳选择”。

360°认识全新的自己

认识你自己——相传在希腊波罗神庙上就刻有这几个字。哲学家苏格拉底也曾和自己的弟子探讨劝人要有自知的话题。在尼采的作品中，也可以看到他对这句话的理解："我们无可避免地跟自己保持陌生，我们不明白自己，我们搞不清楚自己……"认识你自己，这几个字看起来无比熟悉，但是当我们真正要将它的含义说清楚的时候却三缄其口。究竟我是谁？谁又是我自己？既然我们都是真实的存在，有血肉、有思想，是立体的360°，那么每一个客观存在的角度共同组成了这个被我们称之为"我"的个体。

认识自己90°——你知道的，别人也知道的。这部分内容属于公共的，即那些展露在外，我们允许别人了解的内容，比如你的名字、性别、工作职位、是否结婚等。因为有了这些信息，才可以让别人了解我们是怎样的一个人，我们才可以同周围进行信息交换。同时当我们意识到自己不是孤独存在的时候，我们也会学习根据对象的不同而表现不同的自己，比如在上司面前，我们希望展现对工作的热情、对知识的渴望；在朋友面前，我们就会交流感情，分享生活趣事或烦恼。

认识自己180°——你知道的，别人不知道。这就是我们常说的秘密，心底的秘密隐藏着不让他人知道。比如你非常嫉妒你的朋友小樱，虽然表面上你们是特别要好的闺蜜，但是她长得比你好看，每每和她一起的时候，发现她总是比你更吸引异性目光时，你的心里总是有莫名的失落感。你是嫉妒她的，但是这件事从未和任何人说起过，它对你来说是独有的秘密，与其说你不愿与别人分享这些倒不如说你害怕他人知道。你不愿意承认自己原来也有缺点，甚至不敢相信自己竟然会那样想。越是不可告人的秘密，越是你深入了解自己的机会，是可以直面自己弱点的时刻。

认识自己 270° —— 别人知道，你不知道。这一可能有点难理解，为什么他人了解我的情况会比我更多呢？我们都听过“当局者迷，旁观者清”这句话，说的就是有时候，站在局外的人会比局中人更了解事情的真相。有时候因为经验的限制、年龄的局限，我们会陷入误区，比如我们初次坠入爱河的时候，我们完全不知所以，心中有一团火，我们却不知道如何处理。可在年长的人看来，这就是情感的悸动，可以理解并不神秘。可那时的我们，是多么的无助与惊慌失措。

认识自己 360° —— 别人不知道，你也不知道。这部分也是我们常探讨的“潜意识”，虽然我们都不知道它的具体内容，但是它却真实地存在，也会经常偷跑出来影响我们的判断。并没有让我们与潜意识面对面，我们甚至不知道它如何操控着自己。但这看似的捉摸不定正是它的迷人之处，因为我们会逐渐看到不一样的自己。每一段经历对我们来说都是全新，不可复制的，当我们自然地感到快乐幸福或者悲伤厌恶的时候，都是来自内心的判断，其中也都有潜意识的作用。

认识自己，不论是从哪一个角度，为的都是让我们更能体会到个体存在的意义。谁说意义不靠谱？我们正是在这样寻找真实自己的路上，不断了解这个世界。每个人都那样独特，平时的一点一滴细节中，都有内在自我的声音，只是我们从未倾听罢了。

那些你知道的、希望别人也知道的部分，尽可能努力做到内容一致，这样我们才可以问心无愧地面对自己，才不会造成身份角色的混乱，更不会为了迎合他人的口味来刻意改变、隐藏自己，更不被他人的意见思想摇摆自己的选择。那些你知道却不让别人知道的部分，尽可能尊重它的存在，不要刻意阻抗与回避。我们都是带着秘密生活的，谁都有需要隐藏起来的一部分，欣慰的是秘密可以让我们与自己有个零距离的接触，了解光鲜的同时也看得到那不见光的部分，意识到自己内心的阴暗面，恰恰是我们深入了解自己的开始。即使不喜欢，但那就是真实的自己，没人逃得了。

只有不断地遇到内在的自我，我们才知道怎样的生活才最适合自己，我们才能在选择面前不左右摇摆，才会在每一次决定后都义无反顾。当你试图和自己面对面，接纳 360° 的自己并用心与其相处的时候，你才会发现，这个过程是多么有趣。

“己所欲” 亦勿施于人

“己所不欲，勿施于人”这句话大家早已耳熟能详，其中传播的思想也是许多人坚信的道理，可是如果去掉一个字，“己所不欲”变成“己所欲”的时候，我们是否就可以施于人了呢？是不是我们喜欢的东西，别人就会喜欢？是不是我们奋力的追求就也是他人梦寐所想？

自己想要什么，就认为别人也会想要，自己喜欢的东西，就以为别人也会喜欢，这种不自觉的想法常会出现在日常生活中，只是常常施于者是察觉不到的，因为当一个人不自觉地将自己的“所欲”施于人的时候，他的意识里，这么做是为了对方好，是出于自己的一片苦心，怎么会有错呢？

这种己所欲施于人的想法在父母教育子女方面尤为普遍。天下父母都是爱孩子的，都希望孩子将来能够一帆风顺、没有波澜。他们认为自己年轻的时候在职场、感情上受过伤害，就千方百计地努力让自己的孩子毫发无伤。就会不惜一切代价努力为孩子克服障碍，将自己的经验和教训传授给孩子。“我吃过的盐比你喝过的水还多”，不知道这句话原本的出处，但是却成为众多家长的口头禅，当孩子在学习、生活、恋爱等方面遇到与自己意见相左的时候，他们就会拿出这句话来教育子女，认为自己才是对的。

还有一些家长将自己的意志强加到孩子身上，比如听说别人家的孩子学艺术班，自己也就连忙给孩子报了，有的家长自己喜欢钢琴，却因为年轻的时候环境限制没学成，到了自己孩子这里，便花钱出力让孩子去学习钢琴，希望培养他的艺术气质，殊不知孩子的特性可能不适合这种乐器，更不愿意花时间坐在那里听课。

这种误解与分歧也会存在恋人中间。很多女孩子喜欢看电视剧，沉浸其中打发时间，享受剧情又投入感情，就想拉着身边的男朋友一起看，可是男友却不乐意，不愿意陪着看。这时候很多女孩子就会感到生气，连看个电视剧都不愿意陪着我，你是不是不爱我了？你根本就不在乎我！面对女孩子的这种控诉，很多男生都表示难以理解。好端端的看个电视，有必要把事件升级么？你有你喜欢的电视剧，他也有他喜欢的游戏机，都是个人选择的一种休闲方式，他没有干涉你，你为何要把自己的喜好强加于对方呢？

朋友间的这种主动施于与被动接受也很常见。很多我们感到快乐幸福的事情，便会认为对方应该拥有。比如当我们恋爱时，就希望身边单身的朋友也能早日成双成对，我们自愿地当起了媒人，比朋友还着急他的人生大事。可是就在我们费心地物色人选时，朋友可能因为不知道如何拒绝我们的好意而头痛不堪。我们这种自发的“急对方之所急”的想法会造成人际交往中的误解，你的一番美意，对方可能并不理解，而面对朋友的无动于衷，本好心出主意的你也会感到委屈不解。

换个角度想，谁说朋友一个人的时候就不会感到开心快乐？谁说他自己一个人就不能用心享受生活？谁说非要每个人都要跟你自己一样才叫做幸福？生活中很多事都没有唯一的标准。对于每个人，他认可的就是此次此刻对他来说最好的选择。很多时候，你所认为的快乐可能在他人看来一文不值，你所坚信的想法也许别人会觉得幼稚无比。

己所欲勿施于人，意味着你需要尊重对方的选择权，他有自己的独立权和自由权。他是否愿意接受你的意见或建议，决定权只在他自己，即使你认为自己的想法是最正确的，即使你觉得你已经站在他的角度上帮他考虑过，但是这些努力都需要得到他人的认可才行，只有对方从心里认同你的观点，不然即使再多的说服也无济于事。不要认为对方不理解你的好意，不明白你的良苦用心，对方的“不听话“有时恰恰说明他已经具有独立思考的能力，愿意思考自己的人生方向，所以他们会慎重，他们会顾虑，更重要的是他们懂得对自己的决定承担风险，负起责任。

“己所欲”代表着的是你个人的好恶标准，你的所欲所求也限于自己独特的需要，每个人都是独立的个体，即使你们的情况再相像，你也没有足够的理由认为你需要的就是他所缺少的，同样，你更没有资格和权利去干涉他人的选择权。所以，不管你是父母、家人、朋友、恋人哪一种角色，面对你爱的人、在意的人，都请提醒自己，对对方好的方式有很多种，其中最关键最重要的是给予对方足够的尊重和信任。

尊重他们的选择。相信他们有能力变得更好。

你在被谁操控?

我们一直以为生活是由自己做主的，但是实际上，还有隐形的“操控手”在影响着我们的决定。每个人都想为自己而活，或只为自己而活，可是现实中的我们，究竟哪些事情真的由我们控制？

最常见的操控手——父母

保护子女不受伤害是天下父母的首要任务，同时他们也是最没有安全感的一群人，即使儿女已经长大成人，甚至成家后，因为担忧、挂念子女不能开心稳定地生活，很多父母仍然不放心，继续干预子女的生活。

父母认为自己作为过来人，在很多方面比年轻人更有话语权，所以他们不断强调要听他们的话，才能少走弯路。工作要找稳定的，对象定要门当户对的，结婚要有房子的……父母努力地为子女的生活“保驾护航”，却忽略了子女已经长大，终究要学会独自面对人生选择，与其替他们选择，不如教会他们如何选择。

如果你的家中父母正是这样无处不在的“操控手”，首先要认识到的是，与他们争夺话语权的抗争必定是长期的过程，而且吵架、冷战都不可能解决问题。因为你可以狠心选择离开父母，但是父母却不会离开你，摆脱操控，夺回自由权的最佳方式是“以柔克刚”。

在父母眼中，你永远都是孩子，所以要多和父母沟通你的想法、见解和喜好，让他们意识到你已经长大的事实，循序渐进地让他们尊重你的个人空间。和父母约定界限，尤其是在成家立业之后，父母的任务不再是保护子女，而是要以照顾好自己身体为主，这样才是给孩子减轻负担。父母的“软肋”其实就是你，如果让他们看到，即使他们不再身边，你也可以照顾好自己和家人，有能力让自己幸福快乐，他们也会学会放开。

“杀”人于无形的操控手——嫉妒

昕昕人很漂亮，懂事又乖巧，在朋友和同事眼中都是“万人迷”，去年刚换工作到金融行业，工资翻了一倍，上半年又和男友一起去马尔代夫度假归来，按道理来说，工作稳定、生活丰富的她应该是非常幸福快乐的，可是昕昕的脸上总是愁眉不展。

原来去年她换工作，是因为高中同学聚会上面，发现自己赚的钱还不如之前一个学习不如她的同学多，昕昕觉得很不公平，所以一狠心放弃之前喜欢的广告行业，做起了金融。虽然工资上来了，但是事情也多了起来，自由时间少得可怜，压力非常大。去度假也不是她自己的主意，起因是看到大学室友在朋友圈“晒幸福”，大赞马尔代夫的美景，还没有出过国的昕昕觉得很没面子，室友没我漂亮没我优秀，凭什么她比我先去？本来男友已经策划好了半个月的自驾游，可是昕昕执意出国，俩人还为此还大吵一架。

为何原本稳定开心的生活，却因为昕昕的“不服气”而被打乱？

连昕昕自己都想不通，明明我才是最优秀的一个，怎么现在的状况这么不如意？这一切都是被谁操控？

因为嫉妒，昕昕不愿意输给其他人，所以要换工作，要度一样的假，但不是每个人都适应同样的工作方式和生活节奏，忽略了自己的真实需要，而把他人认为好的事情加在自己头上，换来的很有可能就是昕昕这样的“水土不服”。

生活是舞台，但我们不是木偶，不需他人的控制，我们也可演绎丰富的人生剧目。

为什么受伤的总是我？

职场上，我们难免遇到心理委屈的事儿后忍不住抱怨：“工作不开心，上司没本事，同事好嫉妒，下属不听话……”但是却有一些人抱怨久了就认为让自己不顺心的罪魁祸首都是他人。情场上，有时恋爱当中有一方要离开的时候，另一方就会倍感受伤，觉得自己苦大仇深，恨不得告诉全天下，是对方亏欠了自己。细数对方的种种缺点，却忘记了这个一无是处的人正是当时自己死活非要爱的人。

现实生活中，很多人明明认为自己能力不错，为人处事也真诚有加、毫无心机，可还是职场、情场总是遭遇不顺，他们自怨自艾，陷入埋怨、自责、懊恼的情绪之中，连连感叹“为什么受伤的总是我”。这样的情绪状态，心理学上称为“受害者心态”。这是一种消极的应对问题方式，其本质上也是一种逃避心理。

趋利避害是人的本能，在遇到困难的第一时间，我们都本能地想躲起来，免受伤害，所以很多人就“抄近路”，把问题抛给他人，抛向外界的环境中。“受害者角色”一开始你会带来很多好处，他人的让步、对方的妥协，看似很多事最终都如了你的愿。可是长此以往，当对方意识到你的这种心态不是偶然出现，而是生活常态的时候，对方会感到辛苦、身心俱疲、无力讨好你的时候，就会选择逃离。

沉溺在受害者角色中的人在某种程度上，更是乐于享受这种楚楚可怜的定位。他们常做的一件事就是强调自己的“受害者身份”，习惯性地拒绝反省自身的责任，感觉自己才是最无辜的那个人。把自己的角色定义在一个尴尬的弱者、病者的位置上。受害者持有的态度是：都是对方的错，所以自己没有责任，受到委屈那是因为自己太善良、太单纯，被他人利用了。

因此，他们按照自己的喜好、愿望出发，理直气壮地要求别人承担责任和义务，并且坚信对方的想法应该与自己一致，事事都应该顺着自己的意思才对。所以一旦他人提出反对意见，就会觉得这是对自己莫大的伤害，心理产生不平衡。

比如失恋了只是觉得受伤难过却不思考自己哪里做错了；工作受挫觉得自己很失败却不去总结经验和教训；由于自己不小心导致事情不顺就觉得是自己很倒霉运气糟糕……其实，受伤害的程度与他人无关，与自己的主观判断有关，你认为自己受的伤害大，即使对方根本没有觉得任何对不起你，你也会在心理给他重重地判个死刑。

如果坚持认为发生的一切不让你满意的事情，都是他人故意为之，永远都在用自己的标尺衡量对方，虽然看起来给自己带来一些好处，但是这种做法对他人极其不公平，因为没有人愿意被他人扣上“施虐者”的帽子。

不要让同事朋友觉得和你的相处很累、很烦，更不要因为自己开始肆意伤害爱你的人。你认为心理受到的伤害，看似是被动的，但是与你的主观思维有直接的关系，内心越稳定、越坚定，才越有力量面对外界的心理刺激。如果你能够平衡好自己的心态，那么对方即使真的伤害了你，你也可以淡然处之。

受害者的角色如果你不“争取”，没有人会给你。

只要你过得比我好，我就受不了

人人皆有另一面

如果我们真实面对内心，客观评价自己，我们都会知道，嫉妒心理是会陪伴我们一生的。它不会平白无故产生，也不会无缘无故消失，但是它并不可怕，面对它亦无需躲闪。嫉妒心理是普遍的，是在与他人比较，发现自己不如别人时而产生的一种复杂的情感体验。我们都有这样的体会，一旦看到或听到他人遇到幸运的事情，心中会有种“五味杂陈”的心态，其中的滋味就有一剂“嫉妒”。可我们羞于承认这一点，好像一旦承认在嫉妒别人就会把自己归类到了不道德的一边，害怕被他人归为可怕的一类人群。

嫉妒的两条导火索

心理学家研究表明，人的嫉妒心理通常源于童年时期的心理。婴儿和母亲的早期亲子关系是影响后天嫉妒心理的诱发因素。婴儿最早是从母亲那里获得基本的安全感与依赖感，如果在儿童时期，母亲没有正确照顾到孩子的依赖心理，孩子内心的不安全感就会产生，嫉妒心理也会逐渐形成。孩子从小渴望得到父母的关注，因此如果看到自己的父母对其他的孩子好，就会感到爱被剥夺，一旦觉得自己不受关注的时候，就会产生对第三方的嫉妒。

另一方面，嫉妒产生的导火索是因为自身受到的威胁感。我们经常看到有些男女在爱情中，在与对方的相处中表现十分“小气”和强烈的占有欲，他们不愿恋人与除自己之外的其他异性接触，最让我们印象深刻的莫过于电视剧《不要和陌生人说话》的安嘉和，因为感觉到自己的重要性受到威胁，嫉妒的强烈反应就被触发。

嫉妒到底有多可怕？

嫉妒的可怕程度在于我们如何去面对它的出现，嫉妒不是心理疾病，而是一种常态心理，如果我们能够意识到自己的这种心态，并且合理释放负面情绪，嫉妒也会成为我们上进的动力。可是大多数人都不知道如何正确面对，在看到别人过得比自己好，比自己幸运的时候，内心的抓狂就会很强烈。这类人无论外在表现怎样，内心都是自卑焦虑心态为主导。他们企图用外显的、易对比的事物来建立信心。他们最不愿意承认的就是自己不如别人。怨恨、仇视、失望等负面情绪以及爱面子的心理需要更让他们变得“易激惹”。嫉妒心强的人会有潜在的“攻击性”人格。

“只要你过得比我好，我就受不了。”越看到和自己条件水平差不多的人遇到好事，就更容易引发嫉妒，他们需要的是“我好，你不好”才行，因为只有那样才会感到自己受到尊重。如果我们能意识到“别人的好与自己无关”，才能把自己的位置摆清楚。能否让自己满意才是我们关注的关键。没有什么好自卑，也没有什么好羡慕。你和他人总有不同，如果能看到自己也拥有许多他人所不具备的优势，我们才算客观地了解自己。

嫉妒的出现正是显示我们内心最阴暗的部分，嫉妒不过是无力的抗争。当我们因为某件事而嫉妒别人的时候，也许正是自己也希望达成某件事却没有实现的时候。

第六篇

谁偷走了时间

你在被谁操控？

注意！别让手机“赖”上你

近日，一张图片被大量网友转载和评论：在地铁里，有许多等车的青年男女，看不到彼此的任何交流，每个人都在专注地玩着手机或者 ipad。图片的标题是“我终于明白了，剩男剩女是怎么产生的”。很多网友的评论中，有调侃的，有看热闹的，也有人在担心年轻人这样下去会缺少了交流的能力，更多的网友在畅谈智能产品的出现给自己带来的影响。

被智能产品“绑架”的你和我

随着生活质量的提高，智能手机等其他数码设备已经成为我们的必备物品，发个微博立刻就能让别人知道自己的状态，上个网就能下载最新最全的电影，在享受这些功能服务的同时我们有没有发现，自己已经不小心被这些产品给“绑架”了？

你是不是出门不带手机就会觉得不习惯？是不是一遇到什么疑问，第一时间就会选择打开搜索引擎提问？ 是不是在坐车时不拿出手机或 ipad 看个电影、玩会儿游戏、听个歌就会觉得时间过得特别慢？电子产品的不断出现与普及，让我们的生活更加便捷，用手机就可以看书听歌、上个网就能了解各类信息、拿着掌上电脑随时随地玩游戏，电子产品让我们的生活不再单调，它们充实着我们的时间，带给我们新鲜刺激，而我们也越来越习惯这些功能，舒服地享受着它们的服务。

电子产品智能化程度越来越高，功能更加丰富，价格更加合理，所以它们渐渐变成了很多人生活中最重要的角色，许多人愿意在虚拟世界中畅所欲言，但是在现实生活总却患上了社交恐惧，不愿意同身边的人更多地交流，随着社交网络还有微博的普及，人们习惯在上面更新自己的状态，发表自己的言论，抒发内心的想法，却在同家人和朋友相处时，不知道该说些什么，甚至休闲时间宁愿整天窝在家里面上网，也不愿意出门参加集体活动。

朋友聚会的时候，是不是你在举杯畅饮、热闹聊天的间隙不忘拿出手机看一看，生怕错过了任何电话和短信？在餐厅等位、车站等车时，你是不是也是手机不离手，一边刷着朋友圈一边微信聊着天？有时甚至在走路的时候也要摆弄几下手机，刷刷微博，随便看点什么才会觉得路程不那么远，还有晚上躺在床上的时候，即使困倦难耐，你也要拿起手机玩一会才能安心睡觉呢？ 对于这些“手机依赖”的情景，您是不是看到了自己的影子？

这种依赖，是一种“病”？

当移动电话刚刚上市的时候，人们都惊叹于它的功能，它的出现使交流更加方便，拉近了彼此的距离，但是如今许多人过多地依赖手机，有的人将身边的智能产品当作唯一的表达交流方式，你是否意识到，您正在同自己生活中真正重要的人渐行将远。我们不禁要发出这样的感叹：以前我们会说世界上最遥远的距离是我在你身边，你却不知道我爱你，如今世界上最遥远的距离，是我们在一起，你却在看手机。

电子产品依赖症和我们平时熟知的毒瘾、网瘾有相通之处，即长时间使用电子产品导致对正常生活中一些认知能力的下降的症状。心理学专家表示，人们过度依赖手机，会丧失最基本的面对面交流能力，引发社交障碍，甚至会影响亲情、爱情。尤其需要注意的是，现在很多小孩子，他们希望生日礼物是手机、智能手表或者ipad这些电子产品，学着大人使用这些设备，花费更多时间“钻研”，儿童由于自制能力不强，所以使用电子产品过多的孩子，容易变得控制能力差、注意力不集中、不愿意交流，最易发生依赖症状。

越来越多的电子产品实现了即时上网功能以及不断开发出来的新鲜刺激的应用，改变了人们的生活方式和学习习惯，大大加快了交流的速度。但是人们对这些产品的依赖越来越明显，不再乐于独立思考，不再愿意抽出时间、精心观察身边的事物。

请不要忽视身边的风景

过度依赖身边的电子产品，我们开始忽略对他人的关注和交流，朋友聚会的时候，我们忽视了同他人的沟通和分享，回到家时，不愿意和父母说说我们的工作情况，便急着在微博上发状态。我们的时间被手机、电脑、网络占领着，不断地获取各类信息，但是却没有时间思考沉淀，每天了解了很多知识，但是真正掌握得却很少，所以这些依赖行为让我们渐渐远离了朋友，淡化了亲情，思考方式受限制，我们的生活被这些产品“绑架”了。

面对越来越多的依赖行为，最值得大家思考的是自己是否已经被它们所牵制，失去了自我反思与审视的能力。如果我们就这样成为了这些工具的“俘虏”，我们便由主动变为被动，时间被打散，精力被分散，忘记了生活中原本的美好，所以下次拿起身边的数码产品，请您在享受便利服务的同时，不要让它们夺去我们更多的时间，心灵被智能产品“绑架”，便失去了它的美丽与鲜活！

在微博大军中走出“被控”

网络上很多人介绍自己是杯子控、鞋控，最近更多人在个性标签中加上另一个关键词——微博控。

这类人普遍的习惯就是电脑、手机不离身，微博消息随时推送，每天要发数十条微博，经常毫无原因的就反复打开微博，刷新页面。上班路上、吃饭间隙甚至上厕所的时间都要关注微博动态，转发、评论、收藏、加关注、发布新状态，微博成了一个展现他们自己生活状态的新渠道。

为什么大家都爱微博?

人们喜欢微博，源于这里的零距离与个性化。各路明星大腕、企业大佬、潮人先锋都在这里发出声音，我们这些平民草根有机会听到看到各路奇葩大放光彩，在微博的世界里，每个人都有自己的粉丝，有关注，有互动，让我们也能轻松体会到受粉丝们“追捧”的感觉。个性化的设置，头像、昵称、好友分组可以随着自己的性子来，想怎样就怎样，随心所欲，自尊心得到了极大的满足。

发状态就是为了受关注，有关注就觉得自己的存在有价值，心事被倾听。很多在现实生活中得不到他人关注的人都把微博当成了唯一的朋友，在这里求支持、求安慰、求关怀，就是要吸引别人的目光，这种感觉满足了这些人的虚荣心，即使吐槽，也觉得有人是和自己在一条战线上的，心理顿时倍儿爽快。

事实上，每个人都有需要释放的压力，很多人在平时的生活中可选择的解压方式太少，身边不会总有随时能理解自己的人，所以网络成为了最简单最便捷的释放渠道。心情不爽，写个微博；心情大好，发个表情。有了这个属于自己的空间，可以摘下自我保护的面具，在网络面前展现真实的自己，说平时不敢说的话，发平时不敢发的牢骚，微博让我们遇到了更多的同类，减轻了内心的孤独感、无助感，获得了现实中难以得到的快感。

与其微博控，不如控微博

140 字的框框，确实表达不了太多的思想，但是一键发布，就有机会同全世界的熟人和陌生人分享，微博像一个扩音器，将你的情绪你的想法迅速传播出去，快乐因为有人分享而更快乐，声音因为有了共鸣而变得更加有力量，这种快速的传播分享吸引着众多微博控们在绞尽脑汁地将自己正在经历的事情或眼前的食物浓缩成 140 个字来展示，这个模式控制了他的行为和思想，使许多人变成了微博控，也产生了众多负面影响。

在微博中，事情常常会被扭曲、放大，许多人并不了解整个事情的经过，也不知道事件背后的动机和缘由就主观地把当事人“下了定义”，不顾及他人感受，只图一时爽快，却不知伤害了他人。有的人透过微博信息，分析别人的蛛丝马迹，有时因为意见不一致便引发各类骂战，引发各路人士参战，你辩我争地闹出不少口水之争；也有的人因为晒了照片，共享了地理位置，被爆到网络上之后，就受到人肉搜索，乃至招来骗子小偷甚至带来生命危险。小小的微博，却成了引发了巨大的蝴蝶效应，微博成为了一把双刃剑，一不小心，伤了他人，痛了自己。

有谁能在微博大军中保持真实，传播更多的价值和影响力？有谁能在海量信息中搜索到对自己有益的东西？又有谁能在虚拟环境中，去其糟粕吸收精华让自己成长为全新的自己？

与其变成微博控，不如控微博，控制自己的微博质量，控制自己的思想与行为，只有自己的声音更有价值，才能让它传播得更远。

遇见更加完美的自己，就从这 140 字开始吧。

洁癖是怎么回事?

我们的身边总有一些人，他们特别爱干净、爱清洁，注重个人卫生，这本来是一种健康的生活习惯，但是如果一个人过分地强调干净，对自己周围环境的要求过高，就形成了洁癖。若是这种偏好程度加深，变成了明知道毫无意义，但就是控制不了自己，出现强迫洗涤、强迫清洁等行为，无法克制自身的思维冲动，影响了一个人正常的社会生活的时候，那就很有可能患上了强迫症。

对于有洁癖习惯的人来说，他们最痛苦的不是周围的环境不符合自己的要求，而是内心不断涌现出来的焦虑情绪和恐惧情绪。这些令人烦恼的情绪一出现，他们就如同被召唤了一样，一定要采取某些行为来给予自己安慰。他们花时间清洁、不知疲倦地打扫，只为了让自己心安，用这种方法来平复内心的紧张感。有洁癖的人通常对自己的要求很高，不断的清洁工作成了他们生活中一个不可替代的重要组成部分。

洁癖者对于大多数人能接受的卫生条件仍会感到不满意，他们的挑剔程度有时到了吹毛求疵的地步。让周围人感到压力和难以接受。常小姐从小就是一个特别爱干净的人，随着年龄的增长，她对清洁的要求也越来越高，手拿过东西就要马上洗，随身携带消毒水、洗手液。一双本来滑润的双手因为频繁洗涤变得脱皮。更严重的是常小姐有个习惯，洗澡之后，不能碰任何东西，不然就无法安然入睡，当她结婚后，每日也要求自己的老公同她一样，否则便不允许他睡觉，开始老公还可以接受，但是时间长了，也难以接受这种苛刻的条件，自己怎么劝说都无法消除常小姐的这种习惯，整日被这种要求弄的心烦意乱，影响了夫妻感情。

所以，若洁癖严重到一定程度，不仅对自身的工作和生活有很大影响，还会造成精神洁癖，他们没有时间去享受生活，对于一般的人际交往他们尚能正常处理，但是面对亲密感情的时候，他们的这种习惯也会波及他人，有时造成彼此的误解，造成感情危机。此外，多数洁癖者面对情感时会选择退缩，因为担心对方无法接受自己的这种习惯，也觉得如果对方不如自己爱清洁，也难以接受对方。所以在选择恋人、发展情感方面常会遇到问题，正常的人际交往受到阻碍，到最后宁愿独身，也不愿意踏入婚姻。

洁癖习惯导致的内心苦楚，有些是我们难能理解的，但是当事人确实深切被困扰着。他们说不出自己到底为什么坚持这么做，内心的冲突也让自己非常难过，但就是没有办法克服内心障碍，在强迫自己与反强迫的两种冲突观念中挣扎。洁癖已经成为他们的一种生活模式，表现出对待事物的一种心理倾向。对生活的这种过分要求往往与自身的成长环境有关，也和心理发展过程中遇到的阻碍相关。

专家分析一般洁癖大部分来自遗传，绝大多数人伴有强迫性人格，他们进入青少年期后，社会交往过程中的不适应性，也会刺激这种行为的产生，还有一些人源于生活经历、社会生活的改变，内心紧张，对自己过分严格又或者处境的不顺利，内心焦虑等因素的影响而产生洁癖习惯。

洁癖的产生可能反映了当下的一种自卑心理。对于自身整洁的过分要求，很可能是希望给他人留下深刻美好的印象，他们希望得到他人的关注，担心自己不够干净而被人瞧不起。她们期待和那些受欢迎的人一样，吸引众人的目光，所以反复洗澡、洗衣服，让自己时时刻刻保持干净状态，将清洁程度与他人的喜爱程度联系在一起，慢慢就变成了洁癖甚至发展成为强迫症。

很多人的洁癖行为是一种补偿心理在作祟。当一部分人的心理欲望在现实过程中受阻，他们会选择其他的方式来替代或补偿。有的人毕业面试屡遭失利，内心烦闷无法排解，又不认为是自己的能力出了问题，回想几次面试，觉得当时自己没有发挥好是因为没有提前洗手擦护手霜，所以接下来就会不断反复洗手，将自己内心的郁闷情绪发泄到洗手过程中，这样的洁癖行为就是在补偿心理的影响下而产生的。

克服洁癖，也有几种方法。一般洁癖者可通过放松等方式解决，当感到紧张、压力的时候，控制自己的情绪，让自己尽快平复下来，转移视线和注意力，逐渐减轻焦虑情绪。情况较严重的洁癖者，若通过自己的努力无法改善这种强迫观念和强迫行为，并且给自身的社会生活造成了巨大影响的时候，就要尽快通过专业的心理咨询寻求帮助，常见的治疗洁癖的疗法有认知疗法、满贯疗法，以及认知领悟疗法等。

我们都有拖延症

豆瓣社区里有一个很有意思的小组叫做“战拖会”，小组成员们都是自称“拖延症候群”，他们的特点是“拖、拖、拖”，经常在最后期限之前一点时间才会紧迫地开始着手工作，下周要交的报表，即将到来的职称考试，还有一直答应朋友的饭局，明明知道有许多事等着去做，但行动却迟迟没有开展，哪怕是随手要打的一个电话，也总会被他们拖来拖去。这样的一群人组成了这个小组，下决心想要摆脱拖延的困扰。

拖延通常指的是本没有必要，甚至造成不利后果的推迟行为。拖延现象的出现和影响已经成为许多心理学和管理学方面的重要研究课题。拖延症的“患者”最大的特点就是不自觉地将今天该做的事情拖到明天。哪怕是不费力的小事情，也乐于能拖就拖。拖延不仅会影响做事效率，还会波及我们的情绪，虽然一开始觉得事情并不紧迫，内心轻松不着急，但是快到最后一刻的时候，所有的紧迫感突然来袭，焦虑的情绪就会逐渐加重。而且由于拖延习惯导致目标或愿望没有达成的时候，一些人还会出现强烈的自责情绪，出现怨恨、焦虑，甚至产生负罪感。

有很多人选择拖延，并不是他们不了解自己的目标，不知道如何去完成任务，而是乐于享受那千钧一发的紧迫感、焦灼感，甚至乐于享受那种“濒死感”，在最后期限到来前突击工作，高强度高压力地让自己的肾上腺素迸发，全身的肌肉和神经都被紧急集合，全神贯注地朝目标努力。当目标达成时，那种突然一下放松的状态和快感让许多人感到无比的畅快淋漓。

选择这种方式工作的人喜欢挑战自己，乐于享受刺激，即使感觉到事情迫在眉睫，却也忍不住继续“放纵”自己，先休息，休息一下。从焦虑感的慢慢升级到最后感受身心强度的最高极限，给人一种坐过山车的刺激感，越是紧迫的状态，越感觉到自己内心的力量变得强大。但是这种习惯只适用于少部分人，并且长时间这种不平衡的工作方式也会影响一个人的身心健康。毕竟不是每一次我们都有这份幸运刚好在最后关头完成任务。

我们都有拖延症，或轻或重。在完成任务的过程中，总会感到疲惫、懈怠，有的人不想马上给自己施加压力，就在这脆弱的时候选择了拖延，但是拖得过今天拖不过明天，许多人因为拖延习惯错过了宝贵的机会，正是因为这样，一些感觉到自己的拖延行为并且强烈摆脱这种坏习惯的人在网上成立了“战拖小组”，彼此监督鼓励，希望早日摆脱拖延症的困扰。

战胜拖延，就要了解拖延行为的产生的原因。能根据自己的能力情况和现实环境选择适当的目标，制定了不符合实际的目标的时候，通常会出现拖延思想。在执行的过程中容易遇到阻碍，内心的不舒服感会影响对自己能力的判断，当开始怀疑自己，自信心减弱的时候，就容易产生逃避行为。不愿意面对困难，不相信自己有能力解决目前的困境，期待拖一拖就能有其他的解决办法，这样的回避心态逐渐使自己形成了拖延的习惯。

很多人的心中都有“完美情节”，做事过程中总喜欢追求完美主义，殊不知这种心理倾向也是我们拖延行为产生的原因之一。很多人会很奇怪，追求完美不是应该早早就开始准备吗？怎么会是产生拖延症的原因呢？实际上，当一个人有完美情节的时候，他对自己的目标及过程都有很全面的设想，所有事情都要达到符合自己标准的程度才行，他们倾向于一次性完成并且做好，所以不愿意匆匆忙忙就着手去做，而是要深思熟虑，等到万事俱备的时候才去做。所以越是希望一切完美，内心越觉得自己的准备还不好，时机还不成熟，在这种纠结中，时间一拖再拖，拖延情况也会经常发生。

改善拖延行为的方法有很多，注意力的集中就是首先要提到的一个方面。集中注意力，意思是让你关注与你当下要做或可以选择要做的。暂时忽略你的负面情绪，因为很多时候我们过多地关注自己的情绪变化，开心了觉得要怎样怎样，不开心了要去做点别的让自己开心一下，所以这种自我满足有时就引发了拖延的行为。我们要了解自己的情绪变化，但是从做事的效率看，不要让自己沉溺其中，丧失对自己的控制能力。所以每当内心想“放纵”一下的时候，脑子里先想想拖延的后果，给自己一个提醒。

战胜拖延，既要关注当下还要结合对未来的信心，不要对结果过分焦虑，才能放开手脚去做。不论自己处在什么样的状态中，即便对自己过去不满，也不要继续强化它，而是认真地接纳错误，给自己信心让接下来的目标顺利完成。因为不到最终时刻，你不知道自己的力量有多强大。如果因为害怕遭遇挫折就选择逃避，因为担心就不去努力有所收获，那么你的拖延不仅仅是一种不好的行为习惯，负面影响会如同雪球一样越滚越大，长久下去还会影响你的人生观和价值观。

拖延症不可怕，战胜不了内心的胆怯才可怕。

别让你的生活被他人做了主

我期待生活的每一天都是在为完成我的人生使命而努力。有的人会问：什么是使命？没有人给我任务，那我该怎么办？那么换个问题：你知道内心最渴望的幸福是什么吗？这个世界需要你做的是什么呢？这时候，你的回答会是什么？问题又大又空，连我自己都觉得不知所措，但是本着对自己负责的态度，我知道，越早知道这个答案，我的世界可以越快明朗起来。

我们时常觉得周围的人，包括自己都活得很累，生活的节奏仿佛永远都是你追我赶。上学时与他人比成绩、拼名次，工作了要比业绩、拼职称，就连休闲娱乐也要和他人一样，看到别人去国外旅游内心就蠢蠢欲动，见到他人置办新潮电子产品，自己也唯恐落后。似乎这种无形的竞争成了我们生活的主宰。大家都在比较，却忘了追求的最终目标，更不知道我们为何产生了这种比较心理。

看到别人的工作能力比你强，你会感到压力，是因为你怕自己不如他，很可能就落后掉队；看到闺蜜找了个“高富帅”优质男朋友，你会感到羡慕不已，你真的是在乎对方恋爱来得比你早吗？其实你是害怕自己错过了恋爱最好的时节，担心自己不值得别人爱。听到朋友辞职去环球旅行了，你也想冲动地“出走”，你真的是被美景吸引了么？还是你恐惧自己早已向生活的压力妥协，没了享受生活热爱生活的勇气。你在意别人做得比你好，这背后的心理根源是害怕与恐惧，还有内心的不安全感。没有一个人会对自己毫不怀疑，也没有一个人感到缺乏安全感。

我们抱着错误的参照点，以为“比周围人优秀的时候，才是真的优秀”，我们对自己的认知和评价全部来自外部，却忽略了内在的声音。我们的生活虽然和他人脱离不了关系，但是你展示给别人的，更多是你自己的选择。在你的生活里，发生的一切都很重要，起决定权的是你怎样去看待自己的生活。世界变得如此多元，你可以拥有很多的资源，但是为何不愿意花心思关注自己的生活每天经历了什么，发生了哪些变化，而是将注意力放在别人身上，心绪随着起伏不定，各种计划也跟着动摇改变呢？

你有独特的天资，你有个性的思想和那些还没有被你意识到的优势，这些别人抢不走也拿不掉，何苦还要与那些比你生活优越的人比较，换来苦闷抑郁？为何要与那些不如你的人比较，就为一时的高兴满足呢？看起来比你好的人，也许正承受着你想象不到的压力，那些暂时比你弱的人，谁知道他不是过得非常满足又开心呢？想让自己过简单又满足的生活，就要首先放弃和他人比较的习惯。我们的脚步太快，我们没能意识到自己正在错过什么，没能想明白我们追赶的终点在哪里。

如果你花太多时间与他人比较财力、物力、学历，甚至家庭、工作，等等，你就把自己困在了复杂的矛盾之中。因为忙碌的你，一直忙着的目的不是成为最好的自己，而是设法想和他人一样，努力拥有的是他人想拥有的东西。也许你努力后，确实如他人一样功成名就，但是你终会有一天明白，那不是你想要的生活。你也有自己的人生，何苦把决定权交给他人？试问你多久没有静下来和自己对话，感受真实的自己了？

生活其实很简单，坚持你自己的选择和方向，不必害怕与他人不同，更要畏惧别人的评价。和你竞争的只有你自己，生活的决定权也只在自己手上。也许你早已比你的目标优秀。别人思考你的时间远比你思考他们的要少，越少关注他人的生活，越能减少被动生活的风险。与别人比较生活，就是在局限你的能力，通过这种比较选择的道路，走起来会更加荆棘。

我期待你能成为这样的人：能够分清自己和他人的生活，并努力成为自己生活中的英雄，找到身上独特的使命，不是为世界做多大的贡献，而是沉稳脚步，从容不迫地努力过自己想要的生活。内心最渴望的幸福不过就是找到了自己生活的节奏，不会空虚无聊，不会在欲望中迷失，虽然内心仍有恐惧，但总能保持一颗充满幸福感和安全感的内心。不窥探他人的生活，选择的出发点，就是以自己的实际需要为开始。

时间太快不等人，从这一秒开始，别让你的生活被他人做了主。

为什么我们容易半途而废?

为什么有些人（包括我们自己）经常会做事情三分钟热度，不能够坚持到底？为什么我们愿意不断地设立目标，不舍得放弃机会？坚持到底地做一件事，需要时间，更需要有超强的毅力来抵抗消极消灭懈怠。我们都有意志薄弱的时候，尤其当事情没能按照我们预想的那样出现阻碍的时候，我们更容易抓狂。

经常为自己设立目标的人，他们思维敏捷，不甘于落后，内心希望自己持续进步，这时他们需要一些实际的目标来刺激自己不断行动。他们喜欢新鲜事物，对环境的适应性很强，而且行动力方面也比其他人迅速。常常想到“点子”就去实践，他们善于发现机会抓住机会，这些本来都是优势的地方却因为没能坚持到底，使很多想法中途夭折，很多目标无法实现。

他们虽然看起来是个行动派，但致命的弱点是太贪心，不愿意放弃机会。看到不断出现在自己眼前的机会都想去占有，却忘了衡量已拥有的资源，不能够扬长避短，更忽略了自己的终极目标。要知道对于每个人来说，时间和精力都十分有限，想要得越多，意味着牺牲得越大，压力越大，责任越大。这时候如果你的能力不能平衡好各个方面的优劣势，就很可能什么都要去做，却哪一个都没有做到最好，做到最后。

看到别人做事高效率高产出，你不甘落后，认为自己并不比他人差，那么他人能做到的，你应该也可以，所以你不断努力希望像他（她）一样。这样没有深思熟虑的追赶，多数情况结果比预想的要糟糕许多。另外身边的诱惑越来越多，随着你能力的提高，你可用的资源也越来越丰富，这时候如果不能在机会中去粗取精，即使你付出许多，总是没有收获到成就感与满足感。

提高自身的意志力是防止事情半途而废的有效武器，我们可以试试下面的两种方法。

从零散的时间开始，培养自己时间管理能力

经历过高考的人都有这样的感受，即使现在的生活里没有考试没有名次排序，没有万人挤过独木桥的压力，但我们的行动力仍然在减弱，没了高中复习的那种冲劲和韧劲。那时候的我们三点一线，我们的生活节奏固定又重复，你的生物钟仿佛自然地告诉你什么时候应该做什么。所以当我们生活规律的时候，我们的行为思想更多变成了一种惯性。但是现在很多的生活过于碎片化，生活琐事占用了太多的时间，我们总是没有足够的时间。

这时候不如培养几个小习惯来找到适合自己的生活步调。对时间无法掌控的时候我们会感觉疲惫，所以不如试一试把某一段固定的时间设立目标任务，哪怕是看20分钟的书，做15分钟的仰卧起坐，这样的小事坚持下去，变成了习惯，你对时间的定义也会成为惯性。零散的时间被你利用起来，你会感到自己在掌握时间，也会激励你控制更多的时间资源。

真实面对自身优缺点，设立最适合自己的目标

眼前的、未来的机会还有那么多，它应该是符合你所想所要的。不是所有目标都适合你，不是周围人能做到的你也一定可以。关注自己感到难以割舍时的真实状态，你究竟放不下的是什么？特别吸引你的地方又是什么？评估你的实际能力，是否可以两者兼顾？是否可以勇敢一点放弃？

重新评估自己的真正能力。敢于忍痛割爱，不一定保证我们能坚持到底，但是都可以帮助我们看清了自己，在开始做之前，不仅看到了好的一面，更预测了风险阻碍，减少了我们盲目且马不停蹄地追赶别人的损失。如果你觉得自己什么都能做到，什么都不比别人差，那你对自己的认知就产生了严重的偏差，自欺欺人最后受伤的只能是自己，而且期望值越高，失望越大。

设立目标的时怀着积极阳光的心态是可取的，但是如果开始前，你把事情想得过于完美，就避免不了半途而废。我们对自己期望值过高，过分相信自己的能力，就忽略了周围的实际情况，如果连我们会遇到什么样的阻碍，会遭遇怎样的风险都没能弄清楚，很可能当问题出现时，我们就会产生焦虑，这样不仅影响了做事的效率，更让我们对目标和自己的能力产生怀疑。

我们能否诚实地面对内心的恐惧或缺点，将会是影响我们坚持到底的一个重要因素。目标不是越大越好，不是比他人越强越好，而是真实具体，让我们看到差距，同时也让我们感到挑战与机会并存。相信自己有能力追求目标并根据自身特点设定方向，让自己的意志力变成一种惯性的时候，我们的目标不是靠空想，而是靠一点一滴的积累而来的，这时候，何来半途而废？

习惯晚睡为哪般?

时针早已指向夜里12点，青青的窗前依旧灯光闪烁，虽然感到困倦却不愿意上床睡觉，总感觉这一天又白浪费了，还有书没有看，电视剧没有追，新的游戏还没有尝试，这种焦虑和紧迫感，让青青不断压抑着内心需要而选择熬夜。和青青一样在夜晚里奋战的人有许多，晚睡已经成为又一个都市青年身上的关键词。

你为什么不想早睡?

习惯晚睡的人，他们的共同特点就是睡得晚，即使没有紧急的事情，也不愿意提前上床睡觉，不自觉的就拖到了半夜时分。虽然每天白天的日常工作使他们的压力已经很大，8小时甚至更长时间的精神紧张已经让他们感到疲倦，但是晚上到家后即使无所事事，仍不愿意睡觉。好多人就在与时间进行着博弈，但是却忽略了长期的晚睡，不仅使我们的身体受到损伤，更影响着我们的精神状态。

有的人说我从事的是创作工作，必须要夜深人静、周围没有干扰的时候，我才能进入工作状态完成任务，这样的晚睡理由听起来也蛮合理，只是并不代表每一个人都适合用这样时差颠倒的方式去工作，即使你是这种类型的从业人员，也不能因为看到其他人的做法就随便仿效，每个人的精神状态、工作状态都不一样，看到周围的人都是这样所以我也照搬，因为很有可能适得其反，找到适合自己的方法才最重要。

还有一些人持着这样的态度：哪有时间睡觉啊？竞争压力大，空闲时间又这么少，当然得利用有限的时间多做点事，不然怎么发展、怎么进步？这种观点听起来符合逻辑又正确，但是实际上绝大多数抱着这种观念晚睡的人，实际上并没有把熬夜而节省出来的时间有效地利用，即便短时间可以坚持，时间一长，身体也会发出预警，原本的计划只能中止，所以这种想法只是自我安慰的一剂药而已，不能太当真。

更多的人不愿意按时睡觉，是觉得自己外出时间那么长，一般工作日回到家里都要七八点钟了，真正属于自己的时间也就这么几个小时，如果早睡觉，那岂不是都没有任何自由的时间了？所以他们坚持晚睡，因为他们认为早睡就浪费了生命，只有晚上才是属于自己的时间，所以绝不能放过。晚睡变成另一种对抗工作压力的形式。这种情况下，习惯晚睡的大多数人并不是源于生理本身的需要，而是为了满足内在的心理需求。

夜里才是自己的时间?

习惯晚睡和起床困难已经成为新都市青年的两大难题，它们的出现一方面由于生活压力的增大，精神节奏的加快，另一方面也表现出我们内心心理动力的不足。这种困境，也代表着青年对压力和困难的逃避心态。白天，我们的精力被工作琐事、社会交往等分散掉，到了夜晚，仿佛才真正到了自己的时间，急需抛下身上的负担，让自己暂时不去思考烦心事，尽情愉悦自己。

感到困倦却不愿意睡觉，仍然放纵疲惫的状态，意味着我们的自制力出现了问题，放开了对自己的控制，贪图一时的享乐，没有意识到这种习惯本身就是不正确的，很有可能让我们的身心付出代价。当我们因为习惯而选择不去改变，因为现在感觉不到危害，所以就不去未雨绸缪的时候，习惯晚睡对我们生活学习的危害就会增大。虽然它还没有达到引发疾病的程度，但是长期的这种行为，也很有可能养成拖拉习惯，不自觉地在工作和学习中产生拖延的行为，影响我们的身体健康，造成对生活的满意度下降。

另外网络上有很多人自己给自己下了定义，说自己患上了晚睡强迫症，要知道习惯晚睡与晚睡强迫症是两个概念，大多数人只是习惯性晚睡，而没有上升到强迫症的程度，所以不要轻易给自己下结论，加重负面的暗示。习惯是可以通过一段时间的身体节奏调整而改变的，而如果真是强迫症，那就变成了心理问题，需要专业医师的协助治疗。所以当你感觉到自己有这种习惯时，先不必紧张，知道自己选择晚睡的心理需要，注意自我的控制和改变就好。

存在晚睡的习惯并不可怕

对于不断努力平衡理想与现实的我们来说，要认清自己习惯性晚睡产生的原因和可能引发的后果，放弃负面的想法，及时给予自己正向积极的暗示。通过制定计划，设定时间期限来帮助自己抵消对工作或学习压力的恐慌，降低对未来的焦虑感。不要坚持认为自己在白天就是没有灵感，没有行动力的。这种想法会加重你的晚睡习惯，所以尽早改变这种心理暗示，积极地做好合理的时间规划，不断寻找适合自己的工作与放松的方法。

存在晚睡的习惯并不可怕，我们可以从这种习惯中增加对自身状态的了解，我们每个人都有不同的心理需要，对抗压力有许多种方式，你的选择不同，收获也会不同。晚睡并不意味着时间多，更不一定带来高效率。放松自己，降低焦虑，全身心地投入到工作和生活中去，学会平衡自己的精力和需要才是性价比最好的享受生命的做法。

第七篇

被忽略的“角色操控”

欲望透支，小心掉进“狄德罗”的陷阱

18世纪法国有个哲学家叫丹尼斯·狄德罗。有一天，他收到朋友送来的一件非常华美、质量上乘的睡袍，狄德罗非常喜欢。当他穿上华贵的睡袍在屋里走来走去时，总觉得周围的家具那样破旧不堪，颜色过时了，风格更是和身上的睡袍不搭。于是，为了与睡袍相匹配，他就买了新的家具，终于让周围的环境配合了睡袍的档次，可是他却感到很不舒服。冲动过后，他发现自己居然被一件睡袍胁迫了。认真思考之后就将自己的这种感觉体验之写成了一篇文章——《与旧睡袍离别之后的烦恼》。

200年后的美国哈佛大学经济学家朱丽叶•施罗尔在《过度消费的美国人》一书中，提出了一个新概念——“狄德罗效应”或“配套效应”，指人们在拥有了一件新的物品后，不断配置与其相适应的物品，以达到心理上平衡的现象。

在今天的消费过程中，我们也常常一不小心就变成了另一个“狄德罗”。当拥有一件心仪的物品之后，便觉得身边其他物品与之不再搭配，开始了不断购买，不断消费。比如逛街的时候有的女生看中了一双款式独特、有个性的长靴，心动买下它之后，往往发现身边没有与其搭配的裙子，买了裙子发现包包又不是很搭，买了包包还觉得不够完美便去做了头发，当你的爱美之心终于得到满足的时候，你会发现自己本来只是想买一双鞋的，结果现在手上提着大包小包的消费品，这时的你，是不是已经变成了一个新世纪的“狄德罗”，内心正在被一双鞋给胁迫着？

生活中，我们看到的“狄德罗”同样不少，许多人买了房子，就费尽心思地装修，有了实木的家具，当然要用高档的地板来相配；整体厨房装好了，怎么能少得了名牌的厨具；车子买好了，当然要配齐豪华的车饰；西装挑好了，没有一块精致、上档次的手表怎么能行？这样配套的心态往往让很多人被一件本不是必需品的东西“要挟”着，这种为了满足内心的欲望，纵容自己在得到某物之后还不断地渴望拥有与之“相配”的东西，正是狄德罗效应，为了求得心理平衡，有的人不惜用各种手段寻求满足，给自己不断设立高目标，疲于奔命。殊不知这样的追求，可能会让我们陷入了失控的状态，同时付出了高昂的代价。

不仅在商场里，我们会执着于配套，在职场路上，在寻找爱情的过程中，我们都有可能变成“狄德罗”。例如很多大学毕业生认为自己毕业于名牌学校，那自己的职位就必须起点要高，看不上那些基础的岗位，或者在薪酬方面，对自己的评价很高，不愿意在上司的面前低头；有的家长认为自己的孩子漂亮，就必须找一个才貌双全、家境殷实的人才配得上，还有很多住在城里的父母看不上来自农村的孩子，即使对方勤劳朴实，为人善良，也不愿意自己子女找个外地人；还有的年轻人，因为身边的同学买了一款新潮的手机时，自己便不惜将两个月的生活费拿出来买一个同款的，理由是使自己看起来不落伍。这些做法正是受狄德罗效应的影响，虚荣心的不满足驱使自己不断追求平衡，看到他人拥有的自己就不愿意服输，标准越来越高，生活变得越来越“奢侈”。

我们在生活中，经常陷入这种执着中，为了彼此配套，达到心理平衡，就不断追求完美的组合，这本身并没有什么不对，关键是在执着于追求之前，首先审视一下自己，正确地评估自己的实力，你是否有足够可以炫耀的资本，是否可以有能力来满足内心无休止的欲望。不然为了满足外界的评价，不断膨胀自我的虚荣心，不断配置相应的物品，这种纵容欲望的过程中，我们忽略了更多珍贵的东西，为了很多表面的虚无的事物失去了创造幸福生活的乐趣。

当你因为对自己的过高估计而失去了一次难得的工作机会时；当你因为城乡的差异拆散了一段姻缘，看到子女陷入无限痛苦之中；当你节衣缩食地用上那款新潮手机时，你发现身边的同学又换了更新潮的电子产品。你可能会突然醒悟，自己已经失去那么多，牺牲那么多，这种不满足不知足，看似为了匹配的生活在努力，实际上付出的代价越来越大，幸福感却越来越低。

狄德罗效应映照着人们内心永远不能填满的欲望黑洞，同样也告诉我们一个事实，一个事物本身的特质不会影响到我们的选择，真正会影响到我们的是我们赋予这件事物的定义。我们常常高估了它的价值以及自己对它的需要程度，也可能会因为周围的环境和他人的评价，错误地认为那些别人拥有的，自己也必须拥有才能获得幸福。

那么如何才能及时地避开狄德罗效应的陷阱呢？最好的对策就是了解自己的真实需要，认识到内心盲目攀比心态的危害，知道自己能力的大小，不高估自己也不妄自菲薄，你的快乐不是来自于你拥有了多少，或者比其他人多拥有的那些东西，而是来自于你现在所拥有的都是你需要的，当你意识到自己根本不需要那么多东西来证明自己的时候，你的幸福感才会开始倍增。

能够在物质欲望泛滥，攀比心理日益严重的社会环境中，悟明白自己真正想要的是什么，做自己人生的策划者与享受者，而非被胁迫着做出选择，不会受到物质要挟而改变自己的目标，才会开心地享受物质创造的价值，才会珍惜自己拥有的一切。

Hold不住的“折扣控”

春节、情人节之际，各大商场的促销活动轮番上演，折扣之风愈刮愈烈，从刚刚结束的“末日风暴”主题到现在的“节日狂欢”“情人节大促销”等具有吸引力的促销语比比皆是。商场里攒动的人群聚集在各打折区域，许多人原本没有计划买的东西，在“大减价”“3折、2折”的诱惑下立刻改变了主意，手上多了许多购物袋，即使遇到现在用不上的东西也抱着囤货的心态，疯狂Shopping。

商家们越来越聪明，每逢周末、节假日，都会在自己的商品区域提出一个促销主题，周年店庆、新品入驻，都会打出折扣的口号来，琳琅满目的商品挂上了折扣的标签，就无形中产生了一种神奇的魔力，让众人看着就无法抗拒，觉得不买就亏了，所以促销区总是吸引着摩肩接踵的购物大军，为什么我们在折扣面前就毫无抵抗力了呢？哪些心理因素在操纵着我们对“折扣”的选择？

有时低价不如低折扣

要探讨对“折扣”概念的反应，就要研究人们的消费心理，在早前的研究中有这样一个“促销易感性”的概念，什么是促销易感性呢？它就如同人们的抵抗力一样，有的人抵抗力强，普通的流行性疾病不容易感染上，有的人则相反。所以一个人“促销易感性”的高低就决定了他对促销、折扣活动的热衷程度。对这类活动敏感的人，一看到打折的东西，就像是发现了新大陆一样，激动兴奋，抱着钱包就冲过去了，在商品的海洋中寻宝。商家不停喊着“打折、减价”正是抓住了这类人的心态。而且折扣越大越能吸引他们的注意，他们最关注的有时不一定是商品价格的高低，而是这件商品折扣的大小，打折最狠的在他们眼中就是性价比最高的，最愿意入手的。促销易感性高的人很多时候不仅对促销的抵抗力弱，其中很大一批人是更希望自己买的商品都是打折期间选购的，所以经常会买一些暂时用不上的商品，来满足自己这种“折扣控”的欲望和囤货心态，买的东西越多，心里越有成就感，仿佛自己捡到了宝一样幸运。在消费心理的影响因素中，有时候低价不如低折扣。

网络促销带来归属感

随着电子商务网站的兴起，网购变得更加快捷迅速，已经成为当下许多年轻人购物选择的优先渠道。网络购物风风火火，各大购物网站也频频打出“促销、折扣、秒杀”等旗帜吸引购物群体，随之也产生了一些新的名词：秒杀族、网购达人。

热爱网络购物的人们，早已习惯了这种流畅的购物“环境”，一进入购物网站，就开始对商品关注、对比和选择，几个小时一晃就过去了，轻松无压力。不需要伙伴、不需要走路、不需要费尽口舌砍价，这样便捷的购物方式为很多人提供了一种心灵满足感和归属感。看看“评价详情”，就能了解到自己不是一个人在战斗，通过“成交记录”，就看到了一批和自己喜好相同的人，这种隐含在购物中的亲密感也提升了网购的乐趣。有调查显示，孤独感强的人更倾向于选择网络购物，折扣秒杀让网购大军觉得买到了实惠，这种不需要太费力又直接的购买方式，让他们感受到了放松自如，没有人群拥挤带来的压迫感，也没有讨价还价的紧张感，也不需要去等待试衣间，所以网络促销已经在买家心中产生了巨大的吸引力。

购物成瘾源于发泄情绪

曾经有一部电影叫《购物狂》，里面的女主角购物成瘾，家中就如同一个小型的商场，而且很多都是自己用不上的物品，十几件还没来得及剪标的风衣、几十双崭新的鞋子，在街上看到商店摆出的最新款式就转移不了视线，这些都是一个购物狂的真实缩影，购物成瘾已经成为一种强迫症——“购物强迫症”。

购物成瘾的群体会经常产生这种不可控制的购物行为，看到喜欢的东西就想拥有，感性大于理性，明知道自己可能不需要但又控制不了自己的购买行为，从而产生焦虑、紧张感，这种行为不仅影响了自己的心情，更危及自身的经济状况。其实，这种强迫性的购物行为，其患者内心是在下意识地通过这种购买行为来缓解自身的压力和紧张情绪，通过购买商品来满足自己的自尊心和满足感，他们的购买行为其实是对自身负面体验的一种补偿，他们希望通过这种方式来产生积极情绪，所以恶性循环之后购物变成了不可控制的痴迷行为。

如果你是打折控，看了这篇文章就请提醒自己，下一次付账前，先问问自己是否真的需要这件商品？有没有非买不可的理由？

如果你购物成瘾，那还是找一个专业机构去吧，在负面影响还没太大的时候就赶快控制住这种强迫行为。

了解了自己的真实所需，对自己的购买心理“对症下药”，才能够真正的做一个理性的消费者，任凭商家怎么“打折促销”轰炸，你也能面不改色心不跳，抵制住诱惑，合理消费，既符合了物质生活的需要，也在精神世界得到了满足。

面临诱惑，请 hold 住哦。

无处不在的身份标签

如果我们走进一间陌生人的屋子里，我们如何了解对方是怎样的人呢？很多人会通过询问对方的职业、专业领域或者家庭情况来判断，如果对方是某公司的副总，我们的头脑里可能就会浮现出“能力强、薪酬高”等形容词；如果对方是刚毕业的大学生，可能“年轻、稚嫩、社会经验少”等词汇就会出现。这种对不同身份的类型判断就如同标签一样，存在我们的脑海中，也可以被称作社会心理学上的“角色判断”。

社会心理学中，角色指的是一个人在特定的社会或团体中占有某一特殊位置及被其规定了的行为模式。简单来说，角色定位就是对一个人在社会中的身份、位置的判断。对于同一个人，不同角色赋予他的权利和责任都不同，尤其是我们每个人从出生开始，就会被赋予一些共同角色，随着年龄的变化、周围环境的变化，角色有增有减，很多角色会还会在同一时间出现。在社会团体中，人们和组织对我们的期待也不尽相同，这些都在影响一个人的心理和行为。一个人扮演的角色就如同各种不同类型的标签一样贴在身上，无处不在。

当我们出生时，我们便被赋予儿子或者女儿的角色、婴儿角色，与生俱来的这类角色，被称为天赋角色。当我们努力学习成为了音乐家、企业家或者商业精英的时候，这些角色就被定义为成就角色，是靠我们个人努力获得的。如果按角色影响个体行为的规范程度又可以分为规定性和开放性的角色，我们常见的，如公务员、军警、医生等就属于前者，而我们平时常常提到的“朋友”“知己”这类角色，它的自由度比较大，便是开放性角色。

不同的角色标签会带来不同的社会功能，可以分为功利性角色和表现型角色，前者以追求实际利益为目标，如企业家、商人，他们要靠发挥才能实现效益，后者主要以体现社会秩序、价值观念、道德风尚等为目的，教授、学者就可以归为此类。

根据角色的特点不同，对角色的分类也多种多样，不论怎样的区分，角色扮演与领悟过程中所涉及的心理学更需要引起关注。比如，有个男人是一名政府领导，又是一家之主和父亲的角色，意味着他在工作中具有一定的话语权，在家里也占有一定地位，因此就有一套被大众习惯化以及制度化规定的角色行为特征，他要在工作中尽职尽责、服务群众，又要抚养和教育孩子，主持家庭大事等，群众希望他的言行要像个领导，妻子和孩子希望他有个父亲的样子。

这些不同的社会角色，人们对它的期待和定位，很大程度上影响这个人的心理状态和行为方式。比如，出门在外工作的年轻人既希望对父母尽孝道，能多陪陪父母，但是步入职场的头几年又不能有太多的空闲时间，这种时间上的矛盾，就是最常见的角色冲突，这种纠结的心情会让我们承担巨大的压力和负担。

角色上的冲突，我们每个人身上都会出现，如果我们把生活中遇到的让自己纠结的事情按照角色归类，或者想一想我们遇到难以抉择的情景，可能就是我们身上的某些角色之间起了冲突，我们一时之间不知听“谁”的观点造成的。

又比如我们的身边有这样的朋友，在他功成名就之后，就开始疏远你，你们之间的话题越来越少，甚至对你的某些想法，他只会抛个不屑一顾的眼神……不同的角色会让一个人拥有不同的权利和责任，人们对他的期待和判断也必定不同，这种变化的判断标准，如同无形的推手在影响一个人的心理和行为，促成他的变化。

还有一种角色失败源于我们对角色的认识不清。比如作为职场新人，工作角色需要我们能够脚踏实地、融入团队、敢于面对竞争，可是如果我们还把工作场合当作学校，任性放纵以自我为中心的时候，我们就没能认识到职业角色对我们的意义和约束。一个优秀的职场人是能够快速转变意识，尽力缩短由学生到员工“职业化”过程的。

学会站在他人所处的社会角色来理解和尊重他人的行为，及时调整自己的思考角度，并且能够换位思考，由他人所处的角度来评估我们自身角色完成的优劣，这是角色扮演的关键能力。角色之间以及角色内部的冲突矛盾，根据时间、环境、态度的不同，会出现不同的解决办法，没有十全十美的角色，我们也不是每一种角色都有能力扮演，当我们所处的社会环境发生变化的时候，有意识的调整心理状态，防止角色出现中断或失败。

对角色的认识和理解很大程度上我们都是按照他人的期待来定义的，而且我们也似乎习惯了这种从众的接受，但是不同角色会带来不同的人生体验，在欲望和现实中，一味地听从他人的定义，我们就变成为了角色的奴隶。找到适合自己价值观的角色定位最重要，也最紧急，不然就是对自身的放纵，对现实问题的逃避，也失去了对未来的掌控能力。

不同角色对应的标签，影响我们的判断，也需要我们有能力在不同角色之间切换。标签虽然无处不在，但却不是一成不变的，完美的角色需要我们在了解社会期待的基础上，更能保持头脑清醒，在实践中不断针对自身角色进行总结与领悟。每一种角色除了需要遵循一定的社会规定之外，更要能和自己所处的实际情况结合起来，不断实践、不断总结、不断变化与升华。

用心体会你的角色定义，每个人都可以是主角，有一部叫做“角色”的电影存在，如何演绎就靠大家的发挥了。

“绿茶婊”刺激了谁?

一提到“绿茶婊”，很多人第一时间联想到的就是最早被沸沸扬扬炒作的“海天盛筵”，纯情、高雅、低俗、交易……不同词汇冲击着人们的视觉，真相究竟如何各有说法。但是似乎更多的人将这个词汇用到了某一类人的身上，随之而来的批判与攻击，使得一大批对“绿茶婊”的反对与指责呼之欲出。我们不禁要问：在什么的刺激下，出现了“绿茶婊”？她们的出现又刺激了谁？

对“绿茶婊”的争议，在于“绿茶”两字所体现的超凡脱俗，而和传统意义上作为贬义词出现的“婊”给人们的刻板印象形成鲜明的对比。这个词仿佛形象生动地为我们展现出一位表面上看起来纯情，却藏着十足心机的女孩。它意味着矫揉造作、表里不一，也变成了虚伪的代名词。人们更多批判的是“绿茶婊”们所表现的情感模式：习惯暧昧，但付出得少，喜欢他人围绕，却不知道自己究竟想要什么。她们“算计爱情”，追求情感的低成本高收入。因此这样的投机取巧才让众人不齿。

为什么会出现这个词汇，这个问题很好解答，因为有需要。“绿茶婊”的出现在网络上形成轰轰烈烈的批判活动，“绿茶”与“婊”各自代表的传统意义，大家都能够理解，而让大家感到不能忍受的是在“绿茶”形象的包装下，那些“婊”现。如果说“绿茶”两字给人感觉清新脱俗，那么“婊”字一下就让大家一同带着道德的眼光进行批判。这是一个充满恶意诋毁的词语，一种主观的定义。在网络世界的风口浪尖上，“绿茶婊”的出现吸引了太多人的眼球。

我们总是可以轻易地评判其他人，因为这个过程不费力气，还可以轻松地得到心理和道德上的优越感。如果你讨厌“绿茶婊”的矫揉造作，认为只有强烈的谴责则这种虚伪才够心里痛快的话，在批判的当下你有没有真正思考，究竟是什么刺激了你的大脑，让许多人就这样跟随他人站在一个阵营，立即与“绿茶婊”划清界限？

迅速反对他人意见又或者急于站队然后大家一起同仇敌忾的时候，不客观地评判已经在心中形成心理定势。适当的发泄情绪、表明自己立场都无可厚非，可是千万别把这个词汇当成自己对他人批判的标尺。别人的生活真实情况如何，不是你所能够了解的，如果就根据自己的主观判断，对他人的道德操守指手画脚，你的话语也充满了恶意，不是吗？

有人认为对于“绿茶婊”的打压与抨击，源于许多人心中无处发泄的嫉妒心，太多人嫉妒别人的美貌，甚至他人拥有的心机。在这种对比反差嫉妒心作祟的情况下，完全不在乎我们的言语会刺激谁，只管凑着热闹跟着发私愤。可是在我们忙于给别人下定义、贴标签的时候，我们敢说自己的标准就是正确的吗？我们陷入群体口水战究竟是被什么刺激了呢？

从某种意义上类似“绿茶婊”词汇的出现，反映了我们心中的情感困惑。我们渴望找到情投意合的伴侣，一直相伴终老，可是事实上我们每天面临的诱惑太多，大家对未来都没有十足的信心。我们呼唤小清新式的美满爱情，但是现实总是充满各种重口味来刺激我们的神经。我们愿意付出真性情痛痛快快地享受人生，可偏偏总是有人表里不一虚伪造作就能轻易地不战而胜。

“绿茶婊”是小清新与重口味的混杂，不管出于怎样的私心，大家在本质上都是各取所需。网络上的轰轰烈烈总归要回归生活的琐碎小事中去。在速度与激情，付出与获利的性价比上刺激了“绿茶婊”的出现，同时她们的出现也刺激了那些在理想与现实中挣扎的人们。私心也好、嫉妒也好，甚至跟风也罢，没有谁是大赢家。

今日有“绿茶婊”，明天又会有什么词汇新鲜出炉呢？

藏在女孩衣橱里的秘密

拥有一间装满漂亮衣服的房间成为许多女生的梦想。对购物的欲望，对美衣的追求，无数女孩子都是潜在的“购物狂”，究竟在这个过程中，女生们在满足怎样的心理需求？

如同多数女生不能理解男生痴迷游戏忘记吃饭睡觉的情况一样，多数男生也不能理解为何女生的衣橱永远都少一件衣服，当然，这一点，很多女生也没能想通，只是记得在约会前、面试前、聚会前，总免不了在镜子前抓狂的情景！每当这个时候，无论衣橱有多大，女生们都在呼喊：怎么一件能穿的都没有？

不断的挑剔，不断的购买，我们对外在穿着的在乎，意味着对他人目光、评价的在意。我们会把衣着当成身份的象征，面对衣柜沮丧的时候，有些人是因为“担心穿什么都不好看”，她们渴望能够扬长避短，尤其是身材、样貌不是十分出众的女生，更希望能够用衣着掩盖瑕疵，当内心存在自卑感的时候，希望自己的表现不要出错，因此难以决定穿什么适合自己。

而另一些女生面对衣橱的想法却恰恰相反，她们始终觉得“这件衣服配不上我”。对她来说，不仅衣物、鞋子，还有饰品和发型，眼前的这些，统统都“不够好、不能展现自己的完美”。这样的女生希望永远站在舞台中间，成为众人心中的主角，希望吸引所有人的目光，所以她们要求身上的一切都是完美无瑕的，这也就解释了为什么我们会看到有的人宁愿一周不出门，也不能允许自己出门的时候没有化妆。

不管你是哪种类型，渴望得到他人的关注，都是非常正常的心理需要。不管为了什么而打扮自己，让自己看起来更加美丽，都是对自己的尊重，也是对他人的尊重。漂亮自信的女生也总会让人看起来赏心悦目，但是天生丽质的人毕竟少数，当你站在镜子前，反复斟酌、举棋不定的时候，不是因为衣服不漂亮，而是你没有自信穿出漂亮的感觉来。

有了衣服，就需要合适的鞋子、包包、配饰，越希望自己表现完美，我们越需要控制各种因素来让自己内心有安全感。所以无法填补的控制欲就会让衣橱越来越满，但是幸福感和满足感却越来越低。

无论是多么重要的场合，“恰如其分”地打扮才是最重要、最能给你加分的因素。如果过分的执着追求来自他人的目光，盲目追求流行或者靠品牌来支撑自己身份，我们就难以展现自己最真实的一面，别人眼中的你也会看起来非常别扭，远不如清新自然的装扮更让周围人觉得舒服。

经常整理衣橱也会带来意想不到的收获。将暂时用不上的包包，送给更需要它的人，传递爱心又避免浪费；如果有好多买了又后悔的衣服堆在里面，就要审视一下自己的购买标准，给衣服分类，约会、上班、聚餐、运动、郊游……按照不同的场合需要，至少为自己准备一件干净的随时可以上身的衣服，避免临时需要时找不到衣服的尴尬。

亲爱的，即使永远都无法对自己的衣橱满意也没关系，因为再大的衣橱，也无法给你最美丽的保障，只有你了解什么是适合自己的，才可以让美丽随行。潮流是追赶不上的，但是你可以让自己内心不落伍。

女孩的衣橱里，装着与自尊心有关的秘密。

屌丝男士的二三事

不知什么时候“屌丝”这个词就红遍了大江南北，这个词听起来有一点戏谑的味道，也有些无奈的辛酸。屌丝一词原本起源于百度雷霆三巨头吧对李毅球迷的恶搞称谓。百度李毅吧吧友本着自嘲的精神，不以为耻，反以为荣的自称，虽是自称，当然也可以用来称呼别人。

于是，屌丝人群逐渐增大，已成江湖一大门派。一些人自称屌丝实属恶趣味，不过是为了增加一点笑谈而已；一些人则在尽力摆脱这个标签，势必上演现实版屌丝的逆袭，当然也有人无力抗拒，黯然神伤。

今天我们就来看看三位不同的“屌丝男士”，听听他们的吐槽。

屌丝男士之“做个有钱人”

身份背景：三线城市生活，网吧管理员，工作五年，已婚，有房有车。

内心自白：最讨厌被人称作“屌丝”，可是却也无力挣扎。社会就是这么现实，拼爹拼妈拼丈母娘，如果你什么都没有，就一辈子摆脱不了屌丝的命运。庆幸的是我不至于单纯靠体力维持生计，虽然只在小城市里混混日子，但是至少有车有房也算上小康生活了。现在朋友们在一起时，也会经常被说成屌丝，我也可以乐在其中。几年前我也曾憧憬靠努力改变命运，不想这样“窝囊”。也特别希望可以得到他人的认可，但是却不知道如何去做，虽然有目标，但却没有那么强烈的激情和热情。很多事情只是想做而不敢做。现在的生活即使有众多不满意，我也没太多奢望。偶尔借酒浇愁一下，不想把自己搞得太辛苦，所幸现在还有口饭吃，就告诉自己，别做白日梦了。

自评屌丝指数：★★★

屌丝男士之　“等我逆袭给你看”

身份背景：一线城市生活，程序员，工作三年，单身，无房无车。

内心自白：我是一个程序员，好像一提到IT男就和“屌丝”这个名字挂上钩。可我真想的忍不住大喊一声：偶不是屌丝啊！真是不知道身边的人脑子里在想些什么，只会用世俗的眼光和标准看待我。高富帅有什么了不起？不过是依仗家庭关系背景，狐假虎威罢了。真是想不通现在的人怎么都跟白痴一样，一窝蜂的都想跳进高富帅的怀抱。小爷我就是瞧不起那些头脑简单，没有思考能力的脑残粉。各位朋友，快醒醒吧！高富帅的比例毕竟太小，众屌丝还有很多成长的空间，虽然一直被当成高富帅的反面，但是不高不帅不富难道就一定是屌丝吗？等我逆袭给你看！

自评屌丝指数：★★★★

屌丝男士之“不想动的懒人”

身份背景：一线城市生活，研究生在读。

内心自白：我觉得自己就是100%、如假包换的纯屌丝。读了十几年的书，一把年纪，依旧单身。虽然家人朋友都觉得高学历这个大前提就意味着前途无限光明，但是说句实话，未来对我来说会怎么样，我真是看不清楚，没钱没房没车，还有两年才毕业。同龄人发展好的早就生出富二代了。一线城市太辛苦，回到二线城市觉得愧对自己的学历，周围女生要么早就名花有主，要么就是比我学习还要拼命的学霸。毕业遥遥无期，感情毫无头绪，万事只能靠自己，无力感爆棚啊有木有！前几日在微博上看到：丑小鸭之所以能成为白天鹅，并不是因为它有多么努力，而是因为它是白天鹅的孩子。哎，多么痛的领悟！

自评屌丝指数：★★★★★

屌丝的群体已经足够庞大，大到每个人都觉得有与自己相关的部分。屌丝逆袭的故事每天都在上演，每一幕高潮迭起的剧情总会让众多网友心血沸腾。有人羡慕，有人嫉妒，有人暗下决心，也有人嗤之以鼻。不管你是哪类屌丝，不妨试试“我是屌丝我自豪”的心态，说不定会有意外收获。

对于“屌丝”这个词，最终解释权始终掌握在你自己手里。

老人爱“收藏”垃圾为哪般?

住在小区里的陈女士最近非常郁闷，惹她难过气愤的不是别人，正是自己快七十岁的老母亲。年初时为了表达孝心，陈女士给母亲在城里买了一个小公寓，可是从搬家开始，陈女士就不断和母亲吵架。原来母亲准备把乡下家里所有的东西都搬来，例如破餐具、旧衣服等，什么都不舍得放弃，明明子女的经济实力已经很好，可是在母亲看来，这些“破烂”才是自己的宝贝，说什么都不愿意扔掉。陈女士勉为其难地同意了，谁知搬进新家的母亲最近竟然每天从垃圾箱里捡东西回来，旧毛衣、旧书本还有一堆瓶瓶罐罐，这种做法让陈女士感到十分不解，更在小区邻居面前感到难堪，气头上的她和母亲大吵了一架。

打开电视，我们可以看到现在很多新闻报道中提到老人的这种守旧情况，即使家里存储空间有限，旧东西成堆，他们也不愿意把这些东西送人或扔掉，有的经济收入稳定的老人竟然还选择出去捡垃圾，当起了“拾荒人”。带回来的这些东西根本没有太大的价值，而且也不值钱，所以大家都想不通为何老人放着家里的好东西不用跑出去捡垃圾。有时子女趁着老人不注意扔掉东西还会惹来父母的埋怨，父母责怪年轻人太浪费、不懂得节俭，子女生气父母不好好享福，思想守旧。

对于许多老人来说，晚年生活对他们来说是充满挑战的。部分老人退休后，不太适应角色的变化，对自己的认同感逐渐降低，身体还未衰老，心理却老了起来。尤其现在许多年轻人崇尚独立空间，大多离开家或搬出去住，陪在老人身边的时间越来越少，孤独感更容易让老人产生精神上的空虚。对于陈女士的母亲来说，虽然住进了新房子很幸福，可是脱离了之前的社区环境，一时间没有熟悉的人聊天打发时间，心中的话也没处表达，这种人际关系的变化也会让老人不适应。再加上许多老人对疾病、死亡等事件的恐惧，他们急迫需要找到一个出口，来弥补内心的无助，寻找安全感。

对于经济稳定的老人来说，他们仍然愿意拾荒，其实排解的是“心荒”。通过捡拾垃圾的过程释放自己的情感，充实自己的生活，同时又将自己的存在感附于捡拾到的垃圾上，有时候一点点废品得来的钱也会让他们高兴很久，因为这样他们才感觉到自己的价值，才认为没有被大家遗忘，他们选择通过保留某些物品来获得内心的满足。拾荒行为背后的原因是父母的内心不安全感。

在父母眼中，旧物的价值不是在于金钱多少，能否被利用，而是对过去记忆的一种承载。他们因为在意过去的美好，把对回忆的留恋、对存在感的渴望投射到那些具有时代感的物品当中。如果细心观察，我们会看到，那些喜欢“收藏”垃圾的老人，缺乏兴趣爱好，正是这种内心的空虚才促使老人选择这种方式，希望获得他人的认可和关爱。

父母不爱扔掉旧东西也可能是过去生活习惯的一种延续。他们大多经历了生活的窘迫，所以节约对于他们来说是一种惯性。勤俭已经成为一种习惯，他们看见浪费心里就不踏实，所以如果此时子女强迫他们扔掉，或者没经过他们同意就扔旧换新，父母是不太能接受这种改变的。

对子女来说，要理解父母的这种心情，接纳他们怀旧的思想，不要采用粗暴的方式、命令的方式将其扔掉，可以找一个时间，同父母一起整理旧物，主动了解他们对这些物品的理解，这种陪伴对父母来说非常重要。如果父母只是为了回忆，那么挑几件重要的留下，如果坚持不愿意扔掉杂物，也可以和他们商量将其分类，把能再利用的东西送给需要的人。

通过和父母一起整理物品，分享这些物品的回忆和故事，让父母感到被尊重被重视，才会改善老人的生活质量。在老人心中，他们需要安全感的满足。老人的心理变化是微妙的，他们不愿意把心理的难处告诉给子女，都是自己默默承受，所以这时候老人更需要家人的理解和支持，如果希望消除老人的这种“收藏”癖好，作为子女应该及时地表达对父母的关爱，减少他们对旧物的依赖，设法同老人一起将生活充实起来，让老人“没时间孤独”，这样就会逐渐帮助老人戒掉收藏垃圾的习惯。

同时也要多注意老人这些“收藏”行为的变化，如果老人的囤积物品越来越多，也可能是身体出现了病变或衰退，要及时对老人的认知能力、行动能力进行评估，根据需要进行心理干预和就医治疗。

情感软暴力，以爱的宣言传播伤害。我们可能是受害者，也可能在不知不觉中成为施暴者。我们可以觉醒，我们可以反抗。别以爱的名义操控我，让我们重新找回自己。

“冷暴力”的概念最先出现在婚姻家庭中，但是这一概念现如今已经入侵“职场”。虽然一部分人表示无奈，认为这是职场的普遍现象，但是如何能够在工作角色中找准定位，个人发展与企业需要和谐双赢，已经成为众多职员面临的问题。职场软暴力真的无处不在吗？怎么能在职场众多明枪暗箭中安全升级？接下来，我们就来细数“软暴力在职场中的几宗罪”，让我们来一场“以智制冷”的职场变身。